만만하게 시작하는 **중학 기본 영단어**

만만하게 시작하는
중학 기본 영단어

2020년 12월 20일 초판 1쇄 인쇄
2020년 12월 25일 초판 1쇄 발행

지은이 박종민, 김주영
발행인 손건
편집기획 김상배, 장수경
마케팅 이언영, 유재영
디자인 이성세
제작 최승용
인쇄 선경프린테크

발행처 *LanCom* 랭컴
주소 서울시 금천구 시흥대로193, 709호
등록번호 제 312-2006-00060호
전화 02) 2636-0895
팩스 02) 2636-0896
홈페이지 www.lancom.co.kr

ⓒ 랭컴 2020
ISBN 979-11-89204-77-8 13740

만 만 하 게
시 작 하 는

중학
기본
영단어

박종민, 김주영 지음

주니어랭컴

1 중 1-2학년생이 기본적으로 알아야 할 1,600 단어를 엄선하였습니다.

중학교 1-2학년에서 영어 학습을 하는 데 지장이 없도록 기본적으로 알아야 할 단어만을 집중 분석하여 엄선하였습니다. 그날그날 배울 단어를 한눈에 파악할 수 있도록 한 페이지에 정리하여 읽기 쉽도록 단어의 발음 표기와 암기하기 쉽도록 단어의 기본적인 뜻만을 표기하였습니다.

모든 표제어에는 일련번호를 붙여 자신이 암기한 단어가 몇 개째인지 확인하면서 학습할 수 있으며, 하나의 단어를 3번씩 반복하여 암기하도록 체크 박스를 두었습니다. 단어의 레벨에 따라 3단계(Basic, Essential, Advanced Stage)로 분류하였으며, 하루 단어 학습량을 20단어로 하여 총 80일이면 끝낼 수 있도록 구성하였습니다.

2 대한민국 최초 어구(phrase)로 기억력을 높이는 단어 학습법을 도입하였습니다.

서로 관련된 몇 개의 단어가 모여 이루어진 형태가 묶음 단위입니다. 좀더 전문적으로 말하자면 어구(phrase)입니다. 여기에는 단어의 가장 중요한 의미, 형태, 용법, 연어까지 응축되어 있으므로 어구를 통한 어휘 학습은 가장 빠르고 명확하게 익히는 혁명적인 단어 암기법입니다. 이 책에서는 모든 표제어에 간결한 어구의 형태가 제시되어 있으므로 Minimal Phrases[최소의 노력으로 최대의 어휘력 향상]를 통해 쓰면서 의미를 파악함으로써 오랫동안 단어를 기억할 수 있습니다.

3 단어의 핵심적인 뜻과 활용도가 높은 예문으로 구성되어 있습니다.

　　하나의 단어는 보통 두 가지 이상의 뜻을 가지고 있지만 중심적인 의미만 우선 암기하면 됩니다. 각 단어가 지닌 모든 뜻을 암기하는 데 시간을 낭비할 필요가 없습니다. 이 책에서는 각 단어의 가장 핵심적인 뜻과 간결하면서도 활용도가 높은 예문만을 선별하여 실었습니다.

　　이 책은 혁신적으로 단어의 이해와 암기력 증대를 위해 영어 예문과 우리말로 해석을 맞쪽으로 편집을 하였습니다. 먼저 영어 예문을 차근차근 읽어보고 표제 단어의 유의하여 우리말로 해석을 해보세요. 이어서 영어 예문을 가린 다음 우리말 해석을 보고 영어로 써보세요. 이렇게 하면 매일 배운 단어를 완벽하게 자기 것으로 소화가 됩니다.

4 들으면 저절로 암기가 되는 mp3 파일을 랭컴출판사 홈페이지에서 제공합니다.

　　원어민이 녹음한 표제어와 예문, 그 뜻을 한국인 성우가 녹음하여 교재 없이도 들으면서 단어를 암기할 수 있습니다. 원어민의 녹음은 모두 누구나 알아듣기 쉽도록 다소 차분한 속도와 또박또박하고 정확한 발음으로 녹음하였습니다. 랭컴출판사 홈페이지(www.lancom.co.kr)에서 무료로 다운받을 수 있도록 준비되어 있으니 많은 이용 바랍니다. 또한 암기고래 앱과 유튜브 동영상(무의식 암기 등)을 통해 다양한 방법으로 단어를 익힐 수 있습니다.

영단어 이렇게 외워보자

ENGLISH IS WORD 영어는 단어다

단어를 모르고 영어를 공부한다는 것은 벽돌도 없이 집을 짓겠다는 이야기다. 단어가 모여 문장이 된다. 한 문장의 의미를 알기 위해서는 문법 등의 여러 지식이 필요하지만, 우선은 각 단어의 의미를 알아야 영어를 제대로 이해할 수 있다.

영단어를 집중적으로 암기하기 위해서는 다음 암기법을 참고하라.

1 매일 단어 개수를 정해 하루도 빠짐없이 꾸준히 외운다

영어뿐만 아니라 다른 과목도 공부해야 하므로 하루에 암기할 수 있는 단어 개수를 자신의 학습 역량에 맞게 정하여 암기한다.

2 한 번에 암기하는 것보다 시차를 두고 반복하면서 단어와 친해져라.

기억력은 한계가 있기 때문에 단번에 모든 것을 기억할 수 없다. 시간이 지나면 자연적으로 기억력이 소멸하게 되므로 전체적으로 암기학습이 끝난 다음에 일정한 시차를 두고 반복해서 암기한다.

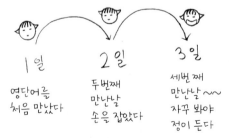

3   어구(phrase)와 예문을 통해 단어의 이미지를
     머리에 그려라.

단어의 가장 중요한 의미, 형태, 용법, 연어까지 응축되어 있는 어구와
쓰임과 문장구조를 알 수 있는 예문을 통한 어휘 학습은 단어를 가장 빠르고
명확하게 이미지를 떠올릴 수 있으며 기억도 오래 간다.

4   자투리 시간을 최대한 활용하라.

책상 앞에 앉아서만 외우지 말고
등하교, 쉬는 시간, 화장실, 잠자리
들기 전후 등 하루 중 남는 시간을
최대한 이용해 단어를 외운다.

5   단어를 발음으로 암기하되, 원어민의 발음을
     듣고 따라하는 습관을 길러라.

에스 아이 티(sit)'처럼 하나하나 떼어 스펠링을 되뇌이며
외우지 말고 '씻' 하고 단어 전체를 발음하며 외우도록 하자.
원어민의 발음을 듣고
따라하면서 암기하면
더욱 큰 효과를 볼 수 있다.
이렇게 하면 굳이 시커멓게
깜지에 써가며 외우지
않아도 된다.

일러두기

- ⑲ 명사
- ⑲ 대명사
- ⑳ 관사
- ⑲ 동사
- ⑲ 형용사
- ⑲ 부사
- ⑲ 전치사
- ⑲ 접속사
- ⑳ 감탄사
- ⑲ 의문사
- ⑳ 조동사

차례

Part
1

Basic
Stage

Essential
Stage

Advanced
Stage

중1-2학년 영어를 공부하기 위해서 가장 먼저
기본적으로 알아야 할 중요한 단어이므로
소홀히 해서는 안 됩니다.

0001
I
[ai] 때 나는, 내가

0002
hi
[hai] 캠 안녕 <만났을 때>

0003
a / an
[ə] / [ən] 관 하나의

0004
be
[bi] 통 ~이다, ~있다; ~되다

0005
do
[du:] 통 ~하다

0006
oh
[ou] 캠 오오, 야; 어이

0007
no
[nou] 형 하나의 ~도 없는 부 아니(오)

0008
yes
[jes] 부명 예, 응 <대답>

0009
it
[it] 때 그것

0010
we
[wi:] 때 우리(들)

0011
you
[ju:] 때 당신(들)

0012
Ms(.)
[miz] 명 ~씨 <여자>

0013
Mr(.)
[místər] 명 ~씨, ~님 <남자>

0014
Mrs(.)
[mísiz] 명 ~부인, ~님

0015
sir
[sər] 명 님, 씨, 선생님, 경 <남자의 호칭>

0016
in
[in] 전 ~안에 <장소·위치>

0017
of
[əv] 전 ~의 <소유·소속, 주격>

0018
at
[æt] 전 ~에 <지점·위치의 한점>

0019
not
[nat] 부 ~아니다, ~않다

0020
or
[ɔr] 접 또는, 혹은

빈칸에 알맞는 단어를 쓰면서 외우세요.

another _
제2의 **나**

friendship between ____ and me 너와 나의 우정

say __ to her
그녀에게 **안부를** 전하다

a meeting with ____ Wilson
윌슨 **씨**와의 모임

for __ week
1주간

with the help of ____ Brown
브라운 **씨**의 협조로

___ on guard
보초 서고 **있다**

Mr. and ____ Jones
존스 **씨** 부부

___ one's homework
숙제를 **하다**

___ Isaac Newton
아이삭 뉴튼 **경**

___, sorry.
오, 미안.

a bird __ a cage
새장 **안의** 새

___ parking
주차 **금지**

the gates __ heaven
천국**의** 문

say _____
'네'라고 말하다

__ the theater
극장**에서**

That's _.
바로 **그거야.**

___ a few
적지 **않은**

Why don't ___
우리 ~할까요

summer __ winter
여름 **또는** 겨울

11

I like music.

Hi. How are you?

There is **a** book on the desk.

He'll **be** waiting for us.

Do your best.

Oh, Bill!

No, thanks.

Yes, I'm fine.

It's a difficult question.

We work together.

Being angry is not good for **you**.

Is **Ms.** Smith in?

May I speak to **Mr.** Mason?

Mrs. Smith has two sons.

Good morning, **sir**.

The cat wants **in**.

What's the title **of** the song?

She is **at** the front door.

Wealth is **not** everything.

I walk **or** bike to school.

➡ 나는 음악을 좋아한다.

➡ 안녕. 잘 지내니?

➡ 책상 위에 책이 한 권 있다.

➡ 그가 우리를 기다리고 있을 거야.

➡ 최선을 다해라.

➡ 어이, 빌!

➡ 아니오, 괜찮습니다.

➡ 네, 괜찮아요.

➡ 그건 어려운 질문이다.

➡ 우리는 같이 일한다.

➡ 화를 내는 것은 너에게 좋지 않다.

➡ 스미스 씨가 안에 있나요?

➡ 메이슨 씨와 통화할 수 있을까요?

➡ 스미스 씨는 아들이 둘 있다.

➡ 안녕하십니까, 선생님.

➡ 고양이가 안으로 들어가고 싶어 한다.

➡ 그 노래의 제목이 뭐니?

➡ 그녀는 현관에 있다.

➡ 재물이 전부는 아니다.

➡ 나는 걷거나 자전거를 타고 학교에 간다.

0021
he
[hi:] 때 그는, 그가

0031
wow
[wau] 갑 야아, 와

0022
she
[ʃi:] 때 그녀는, 그녀가

0032
dad
[dæd] 명 아빠

0023
and
[ænd] 접 그리고, ~과

0033
mom
[mam] 명 엄마

0024
boy
[bɔi] 명 소년

0034
one
[wʌn] 형 하나의 명 하나

0025
girl
[ɡəːrl] 명 소녀

0035
this
[ðis] 때 이것, 이 물건[사람] 형 이

0026
the
[ðə/ði] 관 그

0036
that
[ðæt] 때 저것, 저 물건[사람] 형 저, 그

0027
to
[tu:] 전 ~으로, ~까지

0037
say
[sei] 동 말하다

0028
for
[fɔːr] 전 ~을 위하여; ~동안

0038
hello
[helóu] 갑 여보세요

0029
up
[ʌp] 부전 ~위로, 위에

0039
okay
[òukéi] 형 좋은 갑 좋아

0030
hey
[hei] 갑 이봐, 어이

0040
bye
[bai] 갑 안녕 <작별>

빈칸에 알맞는 단어를 쓰면서 외우세요.

___ and his family
그와 가족들

___ ! Look at that car!
야아! 저 차 좀 보세요!

a ___ -cat
암고양이

mom and ____
엄마 아빠

eat ___ drink
먹고 마시다

a boy and his _____
한 소년과 그의 엄마

a paper ____
신문팔이 소년

in ___ word
한 마디로 말해서

a ___ s' school
여학교

live in ___ country
이 나라에서 살다

the painters of ___ time
그 당시의 화가들

in ____ city
그 도시에서는

the way ___ the station
역으로 가는 길

___ to oneself
혼잣말을 하다

go ___ a walk
산책하러 가다

say _____
안부 전하다

look ___ at the sky
하늘을 쳐다보다

feel _____
기분이 좋다

____, you!
어이, 자네!

say good- ____
작별 인사를 하다

15

He worked hard on his farm.

She has to be kinder to her friends.

A rabbit has long ears and red eyes.

He is the most handsome boy in the class.

The girls danced hand in hand.

The vase is in the center of the table.

I want to go to the South Pole someday.

I haven't seen him for three years.

I climbed up to the top of the mountain.

Hey, why do you look so tired?

Wow! You speak English very well.

My dad is working in China.

My mom runs a toy shop.

You have to slide one by one.

This is my wife.

This is better than that.

It is very courageous of him to say so.

Hello. This is Susan.

In April I broke my leg, but it is okay now.

Good-bye.

➡ 그는 그의 농장에서 열심히 일했다.

➡ 그녀는 친구들에게 좀 더 친절해야 한다.

➡ 토끼는 긴 귀와 빨간 눈을 가지고 있다.

➡ 그는 학급에서 가장 잘생긴 소년이다.

➡ 그 소녀들은 손에 손을 잡고 춤췄다.

➡ 그 꽃병은 탁자 중앙에 있다.

➡ 언젠가 남극에 가고 싶다.

➡ 그를 삼년 동안이나 보지 못했다.

➡ 나는 산꼭대기까지 올라갔다.

➡ 이봐, 왜 그렇게 피곤해 보여?

➡ 와! 영어를 참 잘 하시네요.

➡ 나의 아빠는 중국에서 일하고 계신다.

➡ 나의 엄마는 장난감 가게를 운영하신다.

➡ 한 명씩 한 명씩 미끄럼틀을 타야 한다.

➡ 이 사람은 내 아내이다.

➡ 이것은 저것보다 좋다.

➡ 그가 그런 말을 하다니 대단히 용감하다.

➡ 여보세요. 수잔입니다.

➡ 4월에 다리가 부러졌는데 지금은 괜찮아.

➡ 안녕히 가십시오.

0041 **sorry**
[sɔ́:ri] 혱 유감스러운

0051 **good**
[gud] 혱 좋은

0042 **now**
[nau] 명 부 지금, 현재

0052 **see**
[si:] 동 보다

0043 **new**
[nju:] 혱 새로운

0053 **they**
[ðei] 대 그들, 그것들

0044 **son**
[sʌn] 명 아들

0054 **day**
[dei] 명 낮; 하루

0045 **man**
[mæn] 명 남자

0055 **on**
[ɔ:n] 전 ~위에, ~에 <장소, 표면>

0046 **eye**
[ai] 명 눈

0056 **go**
[gou] 동 가다

0047 **ear**
[iər] 명 귀

0057 **so**
[sou] 부 그렇게; 매우 접 그래서

0048 **too**
[tu:] 부 또한; 너무나

0058 **all**
[ɔ:l] 혱 모든 대 모든 것, 모두

0049 **from**
[frʌm] 전 ~에서, ~으로부터

0059 **by**
[bai] 전 ~에 의해서, ~으로; ~옆에

0050 **nice**
[nais] 혱 좋은; 친절한

0060 **if**
[if] 접 (만약) ~이면

be _____ about
~에 대해 **미안하다**

a _____ house
좋은 집

right _____
지금 당장

_____ a movie
영화를 **보다**

a _____ book
신간 서적

_____ waited.
그들은 기다렸다.

one's eldest _____
맏아들

Mother's _____
어머니의 **날**

_____ and woman
남자와 여자

a picture _____ the wall
벽에 걸린 그림

a black _____
멍든 **눈**

_____ on a journey
여행을 가다

a good _____
예민한 **귀**

feel _____ good
기분이 **매우** 좋다

_____ beautiful for words
형용할 수 없을 만큼 **너무** 아름다운

_____ of the students
학생 **전원**

_____ early this morning
오늘 아침 일찍**부터**

stand _____ the gate
문 **옆에** 서다

a _____ day
좋은 날

_____ I had wings
만약 나에게 날개가 있다면

19

I'm **sorry** about her leaving.

Now is a good time.

My **new** classmates are all very friendly and funny.

He has two **sons**, who became singers.

He was a greedy **man**.

She has dark **eyes**.

He has small feet and big **ears**.

Korean people like games, **too**.

Wine is made **from** grapes.

My aunt is a very **nice** lady.

It is not **good** to overuse computers.

She was surprised to **see** a snake.

They gave a big hand to the pianist.

During the **day**, they were very busy.

There is a glass **on** the table.

I **went** to Australia this summer.

You are **so** kind.

All her dresses are new.

My sister goes to school **by** train.

If he is brave, he will do it.

➡ 그녀가 떠나서 유감이다.

➡ 지금이야말로 좋은 기회이다.

➡ 나의 새 친구들은 모두 무척 친절하고 재미있다.

➡ 그는 아들이 둘 있는데 그들 모두 가수가 되었다.

➡ 그는 욕심이 많은 사람이었다.

➡ 그녀의 눈은 검은색이다.

➡ 그는 작은 발과 큰 귀를 가지고 있다.

➡ 한국 사람들도 역시 놀이를 좋아한다.

➡ 포도주는 포도로 만들어진다.

➡ 나의 숙모는 아주 친절한 분이다.

➡ 컴퓨터를 너무 많이 쓰는 것은 좋지 않다.

➡ 그녀는 뱀을 보고 놀랐다.

➡ 그들은 그 피아니스트에게 큰 박수를 보냈다.

➡ 하루 동안 그들은 매우 바빴다.

➡ 테이블 위에 잔이 하나 있다.

➡ 이번 여름에 호주에 갔었다.

➡ 너는 매우 친절하다.

➡ 그녀의 모든 드레스는 새 것이다.

➡ 누나는 기차로 통학한다.

➡ 만일 그가 용감하다면, 그는 그것을 할 것이다.

0061 ant
[ænt] 똉 개미

0071 cry
[krai] 똉 소리치다, 울다

0062 cut
[kʌt] 똉 베다

0072 vow
[vau] 똉 맹세, 서약

0063 act
[ækt] 똉똉 행동(하다)

0073 pal
[pæl] 똉 동아리, 단짝(친구)

0064 jog
[dʒɔg] 똉 조깅하다

0074 fill
[fil] 똉 채우다

0065 bit
[bit] 똉 한 조각; 약간

0075 lift
[lift] 똉 (들어) 올리다

0066 oil
[ɔil] 똉 기름; 석유

0076 tap
[tæp] 똉 가볍게 두드리다

0067 lie
[lai] 똉 눕다; 거짓말 하다

0077 top
[tap] 똉 꼭대기, 정상

0068 tip
[tip] 똉 팁, 사례금

0078 arm
[aːrm] 똉 팔

0069 yet
[jet] 똉 아직

0079 fur
[fəːr] 똉 모피; 털

0070 war
[wɔːr] 똉 전쟁

0080 soak
[souk] 똉 적시다; 빨아들이다

a queen ___
여왕개미

___ in a loud voice
큰소리 **지르다**

___ the apple with a knife
칼로 사과를 **쪼개다**

be loyal to a ___
맹세를 충실히 지키다

an ___ of kindness
친절한 **행동**

a pen ___
편지 **친구**[펜팔]

go ___ging
조깅하러 가다

___ a glass
잔을 **채우다**

a tiny ___
아주 **조금**

___ a thing with a crane
기중기로 **들어 올리다**

cooking ___
식용**유**

___ a nail into a wall
벽에 못을 **두드려 박다**

___ down on the grass
풀밭에 **눕다**

the ___ of the mountain
산 **정상**

accept a ___
팁을 받다

stretch ___s
팔을 쭉 뻗다

not ___ published
아직 발행되지 않은

a ___ trader
모피상인

hate ___
전쟁을 증오하다

___ bread in milk
빵을 우유에 **적시다**

23

They worked hard like **ants**.

I **cut** my finger yesterday.

The boy **acted** like a baby.

I **jog** every morning before breakfast.

He ate every **bit** of his dinner.

Mother fries fish in **oil**.

You must not **lie**.

I gave her a five dollar **tip**.

He has not arrived **yet**.

World **War** II broke out in 1939.

Babies **cry** when they are hungry.

I am under a **vow** not to smoke again.

It must be very interesting to have a pen **pal**.

Sumi **filled** the bottle with water.

He is able to **lift** the rock.

He **tapped** me on the shoulder.

He reached the **top** of the mountain.

I hurt my **arm**.

When a koala is born, he has no **fur**.

The water **soaks** the earth.

➡ 그들은 마치 개미처럼 열심히 일했다.

➡ 나는 어제 손가락을 베었다.

➡ 그 소년은 아기처럼 행동했다.

➡ 나는 매일 아침식사 전에 조깅한다.

➡ 그는 저녁식사를 남김없이 먹었다.

➡ 어머니는 기름에 생선을 튀기신다.

➡ 거짓말해서는 안 된다.

➡ 나는 그녀에게 5달러의 팁을 주었다.

➡ 그는 아직 도착하지 않았다.

➡ 제2차 세계대전은 1939년에 일어났다.

➡ 아기들은 배가 고프면 운다.

➡ 나는 다시는 흡연하지 않기로 맹세했다.

➡ 펜팔 친구를 갖는다는 것은 무척 흥미 있을 거야.

➡ 수미는 그 병을 물로 채웠다.

➡ 그는 바위를 들 수 있다.

➡ 그는 내 어깨를 가볍게 툭 쳤다.

➡ 그는 산꼭대기에 도착했다.

➡ 나는 팔을 다쳤다.

➡ 코알라는 태어날 때 털이 없다.

➡ 물이 지면에 스며든다.

0081
very
[véri] 图 대단히, 매우

0091
dirt
[dəːrt] 명 먼지, 쓰레기; 진흙

0082
bag
[bæg] 명 주머니; 가방

0092
area
[éəriə] 명 지역, 범위

0083
big
[big] 형 큰, 거대한

0093
tall
[tɔːl] 형 키가 큰, 높은

0084
beg
[beg] 동 빌다; 청하다, 구하다

0094
old
[ould] 형 늙은; 오래된; ~살

0085
tea
[tiː] 명 차, 홍차

0095
fine
[fain] 형 멋진; (날씨가) 맑은

0086
boil
[bɔil] 동 끓(이)다

0096
sad
[sæd] 형 슬픈

0087
soft
[sɔːft] 형 부드러운; 상냥한

0097
fun
[fʌn] 명 재미 형 즐거운

0088
until
[əntíl] 전 ~까지

0098
kind
[kaind] 형 친절한, 상냥한 명 종류

0089
mix
[miks] 동 섞다

0099
glad
[glæd] 형 기쁜

0090
dry
[drai] 형 마른, 건조한

0100
cute
[kjuːt] 형 귀여운

____ kind
대단히 친절하다

sweep the ____ out
먼지를 쓸어내다

put it into a ____
그것을 **주머니**에 넣다

a large ____
넓은 **지역**

a ____ boy
(몸집이) **큰** 소년

a ____ building
높은 건물

____ forgiveness
용서를 **빌다**

an ____ coat
헌옷

add sugar to ____
홍차에 설탕을 넣다

a ____ view
좋은 경치

water ____ s
물이 **끓다**

a ____ story
슬픈 이야기

a ____ bed
푹신한 침대

great ____
커다란 **재미**

____ noon
정오**까지**

a ____ boy
친절한 소년

____ wine with water
포도주를 물과 **섞다**

be ____ to meet her
그녀를 만나서 **기쁘다**

____ air
건조한 공기

a ____ baby
귀여운 아기

It's **very** hot today.

I have three books in my **bag**.

He lives in a **big** house.

The beggar was **begging** for bread.

She ate a sandwich with a cup of **tea**.

She **boiled** eggs.

She speaks in a **soft** voice.

Wait here **until** I come back.

Oil and water don't **mix**.

It is very **dry** today.

Dirt is being shoveled into bags.

Is there a hotel in this **area**?

A **tall** tree stood on the road.

I gave up my seat to an **old** man in the bus.

It is **fine** today.

I am very **sad**.

We had a lot of **fun** at the picnic.

He is very **kind** to me.

I am very **glad** that you got well.

The puppy is very **cute**.

➡ 오늘은 아주 덥다.

➡ 내 가방 안에 책이 세 권 있다.

➡ 그는 큰 집에서 산다.

➡ 그 거지는 빵을 구걸하고 있었다.

➡ 그녀는 차와 함께 샌드위치를 먹었다.

➡ 그녀는 계란을 삶았다.

➡ 그녀는 상냥한 목소리로 말한다.

➡ 내가 돌아올 때까지 여기서 기다려라.

➡ 기름과 물은 섞이지 않는다.

➡ 오늘은 매우 건조하다.

➡ 흙을 삽으로 떠서 자루에 담고 있다.

➡ 이 지역에 호텔이 있습니까?

➡ 그 길에는 키 큰 나무가 한 그루 서 있었다.

➡ 버스에서 연세가 많으신 분에게 자리를 양보했다.

➡ 오늘은 날씨가 좋다.

➡ 나는 매우 슬프다.

➡ 우리는 소풍 가서 아주 재미있게 보냈다.

➡ 그는 나에게 무척 친절하다.

➡ 병이 나았다니 참 기쁘다.

➡ 그 강아지는 매우 귀엽다.

0101
free
[friː] 혱 자유로운; 무료의

0111
bed
[bed] 뎽 침대

0102
leg
[leg] 뎽 다리

0112
bad
[bæd] 혱 나쁜; (병이) 심한

0103
age
[eidʒ] 뎽 나이; 시대

0113
time
[taim] 뎽 시간

0104
can
[kæn] 조 ~할 수 있다 뎽 깡통, 캔

0114
luck
[lʌk] 뎽 (행)운

0105
end
[end] 뎽 끝, 마지막

0115
poor
[puər] 혱 가난한; 빈약한

0106
run
[rʌn] 동 달리다

0116
hour
[áuər] 뎽 한 시간; 시각

0107
talk
[tɔːk] 동 말하다

0117
word
[wɔːrd] 뎽 말; 단어

0108
live
[liv] 동 살다

0118
book
[buk] 뎽 책

0109
have
[hæv] 동 가지다; 먹다

0119
love
[lʌv] 동 사랑하다, 좋아하다

0110
tell
[tel] 동 말하다

0120
box
[baks] 뎽 상자

_____ time
자유 시간

sleep in _____
침대에서 자다

the _____ of a table
탁상다리

a _____ cold
심한 감기

the same _____
같은 나이[동갑]

spend _____
시간을 소비하다

an empty _____
빈 깡통

wish you _____
너의 행운을 빌다

the _____ of the story
이야기의 끝

_____ people
가난한 사람들

_____ 100 meters
100미터를 달리다

half an _____
반 시간

_____ too much
말이 너무 많다

a _____ of advice
충고 한 마디

_____ in an apartment
아파트에 살다

write a _____
책을 쓰다

_____ a baby
아기를 가지다[낳다]

_____ reading books
독서를 좋아하다

_____ a lie
거짓말을 하다

a _____ of apples
사과 한 상자

31

Lincoln set the slaves **free**.

The dog has four **legs**.

She is the same **age** as you.

Tom **can** do his homework.

Hold the **end** of the stick.

He can **run** faster than me.

I want to **talk** to you.

She **lived** to be ninety.

Korea **has** great tradition.

He **told** me the news.

There is a **bed** in the room.

The weather is **bad**.

What **time** is it now?

They considered a broken mirror a sign of bad **luck**.

He is in **poor** health.

There are twenty-four **hours** in a day.

What does this **word** mean?

I like to read **books**.

A mother **loves** her baby very much.

He keeps his toys in a **box**.

→ 링컨은 노예를 해방하였다.

→ 개는 네 개의 다리를 가지고 있다.

→ 그녀는 당신과 동갑이다.

→ 탐은 그의 숙제를 할 수 있다.

→ 막대의 끝을 잡아라.

→ 그는 나보다 빨리 달릴 수 있다.

→ 나는 당신과 얘기하고 싶다.

→ 그녀는 90세까지 살았다.

→ 한국은 훌륭한 전통을 가지고 있다.

→ 그가 그 소식을 내게 말해 주었다.

→ 그 방 안에 침대가 하나 있다.

→ 날씨가 나쁘다.

→ 지금 몇 시입니까?

→ 그들은 깨진 거울은 불운의 상징이라고 생각했다.

→ 그는 건강이 좋지 않다.

→ 하루는 24시간이다.

→ 이 단어는 무슨 뜻입니까?

→ 나는 책 읽기를 좋아한다.

→ 어머니는 그녀의 아기를 매우 사랑한다.

→ 그는 장난감을 상자에 보관한다.

0121 doll
[dal] 명 인형

0122 toy
[tɔi] 명 장난감

0123 pet
[pet] 명 애완동물

0124 cat
[kæt] 명 고양이

0125 hat
[hæt] 명 (테가 있는) 모자

0126 cap
[kæp] 명 (테가 없는) 모자

0127 like
[laik] 동 좋아하다 전 ~과 같은, ~처럼

0128 city
[síti] 명 도시

0129 tie
[tai] 동 묶다

0130 fly
[flai] 동 날다 명 파리

0131 fry
[frai] 동 기름에 튀기다

0132 fat
[fæt] 형 살찐

0133 as
[æz] 부 ~과 같이 접 ~만큼 전 ~으로서

0134 off
[ɔːf] 부 떨어져, 떼어져

0135 will
[wil] 조 ~일 것이다 명 의지

0136 win
[win] 동 이기다; 얻다

0137 with
[wið] 전 ~와 함께; ~으로

0138 let
[let] 동 시키다; ~을 허용하다; ~하자

0139 lot
[lat] 명 많음(수나 양에 모두 쓰임)

0140 out
[aut] 부 밖에

34

a pretty ____
예쁜 **인형**

____ a chicken in oil
통닭을 기름에 **튀기다**

play with a ____
장난감을 가지고 놀다

a ____ face
통통한 얼굴

a ____ dog
애완견

____ a friend
친구**로서**

frighten a ____ away
고양이를 놀라게 하여 쫓다

get ____ a train
열차에서 **내리다**

wear a ____
모자를 쓰다

a strong ____
강한 **의지**

a baseball ____
야구**모자**

____ the game
시합에 **이기다**

swim ____ a fish
물고기**처럼** 헤엄치다

go ____ my friends
친구들과 **함께** 가다

a big ____
큰 **도시**

____ a person know
~에게 **알리다**

____ shoelaces
신발끈을 **매다**

a ____ of stamps
많은 우표

____ in the sky
하늘을 **날다**

go ____
밖으로 나가다

35

My aunt gave me a cute **doll**.

He likes to play with **toys**.

I want to keep a **pet** dog.

The **cat** climbed up the tree.

The wind blew my **hat** off.

Tom is wearing a **cap** on his head.

I **like** dogs.

My aunt lives in the **city**.

I **tied** my dog to the tree.

The **fly** buzzed around.

They are **frying** potato.

He is **fat** because he eats too much.

He is **as** tall **as** me.

He took **off** his hat.

He **will** come back next week.

He **won** first prize in the race.

I bought the book **with** the money.

I will **let** you know about it.

He knows a **lot** about insects.

Father is **out** now.

→ 아주머니가 나에게 귀여운 인형을 주셨다.

→ 그는 장난감을 가지고 노는 것을 좋아한다.

→ 나는 애완견을 기르고 싶다.

→ 고양이는 나무 위로 기어 올라갔다.

→ 바람에 모자가 날아갔다.

→ 탐은 머리에 모자를 쓰고 있다.

→ 나는 개를 좋아한다.

→ 아주머니는 그 도시에 살고 있다.

→ 나는 개를 나무에 묶었다.

→ 파리가 윙윙거리며 날아다녔다.

→ 그들은 감자를 튀기고 있다.

→ 그는 너무 많이 먹어서 뚱뚱하다.

→ 그는 나만큼 키가 크다.

→ 그는 그의 모자를 벗었다.

→ 그는 다음 주에 돌아올 것이다.

→ 그는 경주에서 1등상을 탔다.

→ 나는 그 돈으로 책을 샀다.

→ 그 일에 관해서 당신에게 알려 드리겠습니다.

→ 그는 곤충에 관해서 많은 것을 안다.

→ 아버지는 지금 외출하고 안 계시다.

0141 **fan**
[fæn] 몡 부채; 팬 퉁 부치다

0142 **art**
[aːrt] 몡 예술; 미술

0143 **bird**
[bəːrd] 몡 새

0144 **half**
[hæf] 몡 반; 절반

0145 **aunt**
[ænt] 몡 아주머니[숙모, 이모, 고모]

0146 **pig**
[pig] 몡 돼지

0147 **air**
[ɛər] 몡 공기

0148 **pay**
[pei] 퉁 지불하다

0149 **way**
[wei] 몡 길; 방향; 방법

0150 **fast**
[fæst] 몡 빠른

0151 **cold**
[kould] 몡 추운, 차가운

0152 **sick**
[sik] 몡 병든, 아픈

0153 **kick**
[kik] 퉁 차다

0154 **kite**
[kait] 몡 연

0155 **own**
[oun] 몡 자기 자신의

0156 **else**
[els] 뤙 그 외에

0157 **may**
[mei] 조 ~해도 좋다 몡 (M-) 5월

0158 **tear**
[tiər] 몡 눈물 퉁 찢다, 찢어지다

0159 **dear**
[diər] 몡 친애하는, 사랑스러운

0160 **club**
[klʌb] 몡 클럽, 동호회

____ one's face with a notebook 노트로 얼굴을 **부치다**

a work of ____
미술품

shoot at a ____
새를 쏘다

____ a year
반년

his maternal ____
그의 외**숙모**

a fat ____
살찐 **돼지**

fresh ____
신선한 **공기**

____ in full
전액을 **지불하다**

ask me the ____
길을 묻다

a ____ airplane
빠른 비행기

a ____ drink
차가운 음료

a ____ girl
아픈 소녀

____ a ball
공을 **차다**

draw in a ____
연을 감아 들이다

of one's ____
자기 **소유의**

ask someone ____
누군가 **다른 사람에게** 묻다

about the middle of ____
5월 중순에

dry one's ____s
눈물을 닦다

a ____ friend of mine
나의 **친한** 친구

join a ____
클럽에 입회하다

I am a great **fan** of the Korean soccer team.

Art is long, life is short.

A **bird** is flying in the sky.

School begins at **half** past eight.

My **aunt** is a very nice lady.

Her pet is a pink little **pig**.

How fresh the **air** is!

I **paid** two dollars for the cake.

I'll go this **way**.

He is a **fast** runner.

It is very **cold** today.

In-ho is very **sick**.

She **kicked** him on the knee.

The boy was flying a **kite**.

This is my **own** house.

What **else** do you want to eat?

You **may** go home.

Lace **tears** easily.

Shirley is near and **dear** to me.

My **club** has a meeting once a week.

⇒ 나는 한국 축구팀의 열렬한 팬이다.

⇒ 예술은 길고, 인생은 짧다.

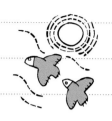

⇒ 새가 하늘을 날고 있다.

⇒ 수업은 8시 반에 시작된다.

⇒ 나의 숙모는 아주 친절한 분이다.

⇒ 그녀의 애완동물은 분홍색 아기 돼지이다.

⇒ 공기가 참 상쾌하구나!

⇒ 나는 2달러를 주고 그 케이크를 샀다.

⇒ 저는 이쪽으로 가겠습니다.

⇒ 그는 빨리 달린다.

⇒ 오늘은 매우 춥다.

⇒ 인호는 매우 아프다.

⇒ 그녀는 그의 무릎을 걷어 찼다.

⇒ 소년은 연을 날리고 있었다.

⇒ 이것은 내 소유의 집이다.

⇒ 그 외에 또 무엇을 드시겠습니까?

⇒ 너는 집에 가도 된다.

⇒ 레이스는 쉽게 찢어진다.

⇒ 설리는 내게 소중하다.

⇒ 우리 클럽은 1주일에 한 번 모임을 갖는다.

0161 **join**
[dʒɔin] 동 참가하다; 연결하다

0162 **map**
[mæp] 명 지도

0163 **slow**
[slou] 형 느린, 더딘

0164 **late**
[leit] 형 늦은 부 늦게

0165 **only**
[óunli] 형 유일한 부 오직, 겨우

0166 **busy**
[bízi] 형 바쁜; 통화 중인

0167 **help**
[help] 동 돕다 명 도움, 조력

0168 **give**
[giv] 동 주다

0169 **date**
[deit] 명 날짜

0170 **well**
[wel] 부 잘

0171 **ink**
[iŋk] 명 잉크

0172 **tail**
[teil] 명 (동물의) 꼬리

0173 **via**
[víːə] 전 ~을 경유하여

0174 **fix**
[fiks] 동 고정시키다; 정하다

0175 **rip**
[rip] 동 찢다, 찢어지다

0176 **ask**
[æsk] 동 묻다

0177 **few**
[fjuː] 형 거의 없는; (a~) 몇몇의

0178 **gym**
[dʒim] 명 체육관

0179 **buy**
[bai] 동 사다

0180 **ago**
[əɡóu] 형부 (지금부터) ~전에

42

___ the basketball team
농구팀에 **가입하다**

black ___
검정 **잉크**

draw a ___
지도를 그리다

a long ___
긴 **꼬리**

a ___ train
완행열차

___ the Panama Canal
파나마 운하를 **거쳐**

be ___ for school
학교에 **늦다**

___ a clock to the wall
벽에 시계를 **걸다**

eat ___ bread
빵**만** 먹다

___ a letter open
편지를 **찢어** 개봉하다

a ___ day
바쁜 하루

___ about me
나에 관해 **묻다**

___ me with homework
내 숙제를 **돕다**

a man of ___ words
말수가 **적은** 사람

___ him a watch
그에게 손목시계를 **주다**

a ___ suit
체육복

fix the ___
날짜를 정하다

___ a doll
인형을 **사다**

sleep ___
잘 자다

fifty years ___
50년 **전**

43

He **joined** the two points with a straight line.

I can see New York on the **map**.

My watch is five minutes **slow**.

She went to bed **late** last night.

You are the **only** one that I can trust.

Tom is very **busy** now.

I will **help** you.

Can you **give** me that pencil?

What's the **date** today?

He speaks English very **well**.

He is writing with pen and **ink**.

The dog is wagging its **tail**.

He went to New York **via** London.

The price is **fixed** at one dollar.

The sleeve **ripped** away from the shirt.

May I **ask** a question?

Few people believe in ghosts.

We can do our training in the **gym**.

I **bought** a book yesterday.

Ten days **ago**, he was sick.

→ 그는 두 점을 직선으로 연결했다.

→ 뉴욕은 그 지도에 있다.

→ 내 시계는 5분 늦다.

→ 그녀는 어젯밤 늦게 잠을 잤다.

→ 내가 믿을 수 있는 사람은 너 하나뿐이다.

→ 탐은 지금 무척 바쁘다.

→ 제가 도와드리겠습니다.

→ 그 연필을 나에게 줄 수 있겠니?

→ 오늘이 며칠입니까?

→ 그는 영어를 아주 잘한다.

→ 그는 펜과 잉크로 쓰고 있다.

→ 개가 꼬리를 흔들고 있다.

→ 그는 런던을 거쳐 뉴욕으로 갔다.

→ 값은 1달러로 정해져 있다.

→ 상의에서 소매가 찢어져 나갔다.

→ 질문을 해도 되겠습니까?

→ 유령을 믿는 사람은 거의 없다.

→ 우리는 체육관에서 훈련을 할 수 있다.

→ 나는 어제 책 한 권을 샀다.

→ 열흘 전에 그는 아팠다.

0181
try
[trai] 명동 노력(하다); 시도(하다)

0191
sit
[sit] 동 앉다

0182
fax
[fæks] 명 팩시밀리

0192
die
[dai] 동 죽다

0183
tree
[tri:] 명 나무

0193
feel
[fi:l] 동 느끼다

0184
set
[set] 동 놓다; (식탁을) 차리다

0194
egg
[eg] 명 (새의) 알; 계란

0185
sea
[si:] 명 바다

0195
trip
[trip] 명 (짧은) 여행

0186
bar
[ba:r] 명 막대기; 간이식당

0196
wall
[wɔ:l] 명 벽, 담

0187
hot
[hat] 형 뜨거운; 더운

0197
folk
[fouk] 명 사람들

0188
pie
[pai] 명 파이

0198
call
[kɔ:l] 동 부르다; 전화하다 명 통화

0189
far
[fa:r] 부 멀리 형 먼

0199
near
[niər] 부 가까이 형 가까운

0190
kid
[kid] 명 아이

0200
stay
[stei] 동 머무르다

46

___ **for a prize**
상을 타려고 **노력하다**

___ **on a chair**
의자에 **앉다**

send a ___
팩스를 보내다

___ **young**
젊어서 **죽다**

a Christmas ___
크리스마스 **트리**

___ **pain**
통증을 **느끼다**

___ **a vase on the table**
탁자 위에 꽃병을 **놓다**

boil an ___
계란을 삶다

a deep ___
깊은 **바다**

a ___ **to Jejudo**
제주도 **여행**

a gold ___
막대금[금괴]

climb a ___
벽을 오르다

___ **coffee**
뜨거운 커피

plain ___ **s**
일반 **대중**[서민]

a generous piece of ___
커다란 **파이** 한쪽

___ **a name**
이름을 **부르다**

not ___ **from here**
여기서 **멀지** 않다

___ **the school**
학교 **가까이에**

a little ___
어린 **아이**

___ **at the office**
사무실에 **머물다**

He **tried** to help me.

Please **fax** me the reply.

Apples fell off the **tree**.

Mother **set** the table for dinner.

Sea water is salt water.

They sat down in the snack **bar**.

It is **hot** today.

The **pie** is fresh from the oven.

He lives **far** from here.

I took the **kids** to the park.

A woman is **sitting** on the bench.

Man must **die**.

Patients usually **feel** sad.

This is a bad **egg**.

Have a good **trip**!

The **wall** is high.

Some **folks** are sitting in a garden.

He gave me a **call**.

His house is very **near**.

I would like to **stay** here.

➡ 그는 나를 도우려고 했다.

➡ 회답은 팩스로 보내 주시오.

➡ 사과들이 나무에서 떨어졌다.

➡ 어머니께서 저녁식사를 차렸다.

➡ 바닷물은 소금물이다.

➡ 그들은 간이음식점에 앉았다.

➡ 오늘은 날씨가 더워요.

➡ 그 파이는 오븐에서 갓 구운 것이다.

➡ 그는 여기서 멀리 떨어져 산다.

➡ 나는 아이들을 공원에 데리고 갔다.

➡ 한 여자가 벤치에 앉아 있다.

➡ 인간은 반드시 죽는다.

➡ 환자들은 대개 슬퍼한다.

➡ 이것은 상한 계란이다.

➡ 즐거운 여행 되세요!

➡ 벽이 높다.

➡ 몇몇 사람들이 정원에 앉아 있다.

➡ 그가 나에게 전화했다.

➡ 그의 집은 아주 가깝다.

➡ 나는 이곳에 머무르고 싶다.

0201 **kill**
[kil] 동 죽이다

0202 **sun**
[sʌn] 명 (the ~) 해, 태양

0203 **care**
[kɛər] 명 주의; 돌봄, 보호

0204 **wish**
[wiʃ] 동 희망하다 명 소원

0205 **leaf**
[liːf] 명 잎, 나뭇잎

0206 **rain**
[rein] 명 비 동 비가 오다

0207 **shot**
[ʃat] 명 발포; 탄환

0208 **land**
[lænd] 명 육지; 땅

0209 **stop**
[stap] 동 멈추다

0210 **wise**
[waiz] 형 현명한, 슬기로운

0211 **door**
[dɔːr] 명 문

0212 **lock**
[lak] 명 자물쇠 동 잠그다

0213 **hear**
[híər] 동 듣다, 들리다

0214 **wife**
[waif] 명 아내

0215 **noon**
[nuːn] 명 정오, 낮 12시

0216 **milk**
[milk] 명 젖, 우유

0217 **rose**
[rouz] 명 장미(꽃)

0218 **ruin**
[rúːin] 명 파멸; 폐허

0219 **rich**
[ritʃ] 형 부유한; 풍족한

0220 **last**
[laːst] 형 최후의; 지난

_____ an animal
동물을 **죽이다**

lock a _____
문을 잠그다

bathe in the _____
일광욕을 하다

fasten a _____
자물쇠를 잠그다

the _____ of a baby
아기를 **돌봄**

_____ a voice
목소리가 **들리다**

a _____ for peace
평화를 **바람**

a devoted _____
헌신적인 **아내**

a green _____
푸른 **잎**

eat lunch at _____
정오에 점심을 먹다

acid _____
산성**비**

a glass of _____
우유 한 잔

fire a _____
총을 한 방 쏘다

a red _____
빨간 **장미**

reach _____
육지에 닿다

the _____s of ancient Greece
고대 그리스 **유적**

_____ the work
일을 **중단하다**

a _____ father
부자 아버지

a _____ judge
현명한 재판관

the _____ day
마지막 날

The cat **killed** a rat.

The **sun** rises in the east and sets in the west.

He is full of **care**.

The boy has a **wish** to meet the President.

Leaves fall in autumn.

We had a lot of **rain** this year.

He was **shot** in the left arm.

His father owns all this **land**.

They **stopped** fighting.

The heroine was brave and **wise**.

Open the **door**.

The door won't **lock**.

We **hear** with our ears.

He needs a **wife** to look after him.

I landed in Busan at **noon**.

Milk is delicious when it's cold.

He gave me five **roses**.

War brings misery and **ruin**.

Korea is **rich** in seafood.

I met him **last** Sunday.

⇒ 그 고양이가 쥐 한 마리를 죽였다.

⇒ 해는 동쪽에서 떠서 서쪽으로 진다.

⇒ 그는 주의 깊은 사람이다.

⇒ 그 소년은 대통령을 만나는 것이 소원이다.

⇒ 가을에는 낙엽이 진다.

⇒ 올해는 비가 많이 왔다.

⇒ 그는 왼팔에 총알을 맞았다.

⇒ 그의 아버지께서는 이 땅을 모두 소유하고 계신다.

⇒ 그들은 싸움을 멈추었다.

⇒ 그 여주인공은 용감하고 현명했다.

⇒ 문을 열어라.

⇒ 문의 자물쇠가 잠기지 않는다.

⇒ 우리는 귀로 듣는다.

⇒ 그는 자신을 보살펴 줄 아내가 필요하다.

⇒ 나는 정오에 부산에 도착했다.

⇒ 우유는 차가울 때 맛있다.

⇒ 그는 나에게 장미 다섯 송이를 주었다.

⇒ 전쟁은 불행과 파멸을 초래한다.

⇒ 한국은 해산물이 풍부하다.

⇒ 나는 지난 일요일에 그를 만났다.

0221 **race**
[reis] 명 경주, 레이스

0231 **room**
[ru:m] 명 방

0222 **hero**
[híərou] 명 영웅

0232 **park**
[pa:rk] 명 공원

0223 **tick**
[tik] 명 똑딱거리는 소리 통 똑딱거리다

0233 **hair**
[heər] 명 털; 머리카락

0224 **life**
[laif] 명 생활; 생명

0234 **gift**
[gift] 명 선물

0225 **sing**
[siŋ] 통 노래하다

0235 **hit**
[hit] 통 치다

0226 **song**
[sɔːŋ] 명 노래

0236 **get**
[get] 통 얻다

0227 **chin**
[tʃin] 명 턱

0237 **cow**
[kau] 명 암소

0228 **back**
[bæk] 부 뒤에, 뒤로; 되돌아서

0238 **fish**
[fiʃ] 명 물고기, 생선

0229 **head**
[hed] 명 머리

0239 **next**
[nekst] 형 다음의; 이웃의

0230 **cool**
[ku:l] 형 시원한, 서늘한

0240 **any**
[éni] 형 어떤, 무엇이든; 누구든, 아무도

a boat _____
보트 경주

a children's _____
어린이 방

a war _____
전쟁 영웅

walk in a _____
공원을 걷다

a ___ing clock
똑딱거리는 시계

black _____
검은 머리

a very happy _____
매우 행복한 생활

a birthday _____
생일 선물

_____ a song
노래를 부르다

___ a home run
홈런을 치다

a sentimental _____
감상적인 노래

___ permission
허가를 얻다

a double _____
이중턱

a ___ grazes
소가 풀을 뜯어먹다

come _____ to Korea
한국으로 돌아오다

catch a _____
물고기를 잡다

strike on the _____
머리를 때리다

the ___ house
이웃집

_____ water
시원한 물

___ people
어떤 사람

I was last in the **race**.

Everybody needs a **hero**.

The hours **ticked** by.

His **life** was in danger.

The sky was high and the birds were **singing**.

What is your favorite **song**?

He shaved his **chin**.

Carry this stool **back** to its place.

He is wearing a hat on his **head**.

It is **cool** today.

There are five **rooms** in his house.

The **park** has beautiful flowers.

She has golden **hair**.

This watch is a **gift** from my grandma.

A car almost **hit** him.

I **got** your letter last Friday.

Cows provide us with milk.

Fish live in water.

You have to get on the **next** bus.

She can buy **any** dress.

➡ 나는 달리기에서 꼴찌로 들어왔다.

➡ 모든 사람은 영웅을 필요로 한다.

➡ 시간이 똑딱거리며 지나갔다.

➡ 그의 생명이 위험했다.

➡ 하늘은 높고 새들은 노래하고 있었다.

➡ 네가 가장 좋아하는 노래는 뭐니?

➡ 그는 턱수염을 깎았다.

➡ 이 걸상을 제자리에 도로 갖다 놓아라.

➡ 그는 머리에 모자를 쓰고 있다.

➡ 오늘은 시원하다.

➡ 그의 집에는 방이 다섯 개 있다.

➡ 그 공원에는 아름다운 꽃들이 있다.

➡ 그녀는 금발 머리이다.

➡ 이 시계는 할머니께서 주신 선물이다.

➡ 그는 하마터면 자동차에 치일 뻔했다.

➡ 지난 금요일에 네 편지를 받았어.

➡ 소는 우리에게 우유를 제공한다.

➡ 물고기는 물에서 산다.

➡ 너는 다음 버스를 타야만 한다.

➡ 그녀는 어떤 옷이라도 살 수 있다.

0241 **miss**
[mis] 동 놓치다

0251 **pair**
[pɛər] 명 한 쌍

0242 **roll**
[roul] 동 굴리다; 말다

0252 **idea**
[aidíə] 명 생각, 아이디어

0243 **foot**
[fut] 명 발 (<복수> feet)

0253 **work**
[wəːrk] 명 동 일(하다); 공부(하다)

0244 **find**
[faind] 동 찾아내다, 발견하다

0254 **draw**
[drɔː] 동 (그림을) 그리다; 끌다

0245 **know**
[nou] 동 알다, 알고 있다

0255 **deep**
[diːp] 형 깊은

0246 **train**
[trein] 명 기차

0256 **hard**
[haːrd] 부 열심히; 몹시

0247 **ride**
[raid] 동 (탈것을) 타다

0257 **dew**
[djuː] 명 이슬

0248 **sale**
[seil] 명 판매; 세일

0258 **surf**
[səːrf] 동 파도타기를 하다, 서핑을 하다

0249 **cook**
[kuk] 동 요리하다 명 요리사

0259 **flow**
[flou] 동 (강·눈물 등이) 흐르다

0250 **turn**
[təːrn] 동 돌리다; 돌다

0260 **wet**
[wet] 형 젖은, 축축한

_____ the chance
기회를 **놓치다**

a _____ of socks
양말 한 **켤레**

_____ in the bed
침대에서 **뒹굴다**

a wrong _____
잘못된 **생각**

step on a _____
발을 밟다

_____ on the farm
농장에서 **일하다**

_____ the book
책을 **찾다**

_____ a cart
짐마차를 **끌다**

_____ the fact
사실을 **알다**

a _____ pond
깊은 연못

an express _____
급행**열차**

work _____
열심히 일하다

_____ on a train
기차를 **타다**

leaves moist with _____
이슬에 젖은 잎

cars on _____
자동차 **판매중**

go _____ing
파도타기 하러 가다

a head _____
주방**장**

_____ into the sea
바다로 **흐르다**

_____ a wheel
바퀴를 **돌리다**

_____ with tears
눈물로 **젖은**

I arrived too late and **missed** the train.

The children **rolled** the snowball down the hill.

There are five toes on each **foot**.

I **found** the coin under the table.

I don't **know** who he is.

They missed the **train**.

Can you **ride** a bicycle?

That department store is having a Christmas **sale**.

Mother is **cooking** in the kitchen.

Turn right at the end of the street.

Mother bought me a **pair** of shoes.

That's a very good **idea**!

They **work** very hard.

Children **draw** pictures with crayons.

The lake is twenty meters **deep**.

It is raining **hard**.

If the sun shines, **dew** goes away.

I **surfed** the Internet all day long.

Water **flows** from the spring.

The grass is **wet**.

⇒ 나는 너무 늦게 도착해서 기차를 놓쳤다.

⇒ 아이들은 언덕 아래로 눈덩이를 굴렸다.

⇒ 각각의 발에는 다섯 개의 발가락이 있다.

⇒ 나는 그 동전을 탁자 밑에서 찾았다.

⇒ 나는 그가 누구인지 모른다.

⇒ 그들은 그 기차를 놓쳤다.

⇒ 너는 자전거를 탈 줄 아니?

⇒ 저 백화점은 크리스마스 세일을 하고 있다.

⇒ 어머니께서는 부엌에서 요리를 하고 계신다.

⇒ 길의 끝에서 오른쪽으로 돌아라.

⇒ 어머니께서는 나에게 신발을 한 켤레 사주셨다.

⇒ 그것 정말 좋은 생각인데!

⇒ 그들은 매우 열심히 일한다.

⇒ 아이들은 크레용으로 그림을 그린다.

⇒ 그 호수는 깊이가 20미터나 된다.

⇒ 비가 몹시 온다.

⇒ 태양이 빛나면 이슬은 사라진다.

⇒ 나는 하루 종일 인터넷을 했다.

⇒ 물이 그 샘에서 흐르고 있다.

⇒ 잔디가 젖어 있다.

61

0261
ice
[ais] 명 얼음

0271
hurt
[həːrt] 동 다치게 하다

0262
salt
[sɔːlt] 명 소금

0272
rest
[rest] 명 쉼, 휴식

0263
gun
[gʌn] 명 총

0273
body
[bádi] 명 몸

0264
flag
[flæg] 명 기, 깃발

0274
pole
[poul] 명 막대기; 극지방

0265
bell
[bel] 명 벨, (초인)종

0275
ugly
[ʌ́gli] 형 추한, 못생긴

0266
load
[loud] 명 짐 동 짐을 싣다

0276
due
[djuː] 형 지급 기일이 된; 도착 예정인

0267
lake
[leik] 명 호수

0277
item
[áitəm] 명 항목; 물품

0268
tool
[tuːl] 명 도구, 연장

0278
wild
[waild] 형 야생의; 거친

0269
deck
[dek] 명 갑판

0279
note
[nout] 명 짧은 쪽지, 기록

0270
pity
[píti] 명동 동정(하다), 불쌍히 여기다

0280
once
[wʌns] 부 한 번; 과거에

cold ___
차가운 **얼음**

___ one's arm
팔을 **다치다**

put ___ into food
음식에 **소금**을 치다

an hour's ___
1시간의 **휴식**

shoot a ___
총을 쏘다

___ and mind
몸과 마음

put up a ___
깃발을 올리다

a curtain ___
커튼 **봉**

ring a ___
종을 치다

an ___ face
못생긴 얼굴

a heavy ___
무거운 **짐**

a ___ date
만기일

fish in a ___
호수에서 낚시하다

___s of business
영업 **종목**

a multipurpose ___
만능 **공구**

a ___ animal
야생동물

go up on ___
갑판 위로 올라가다

leave a ___
쪽지를 남기다

out of ___
불쌍히 여겨

___ a week
1주일에 **한 번**

63

Water changes into **ice** when it is cold.

Fast food is unhealthy because it has a lot of fat and **salt**.

He shot a bird with his **gun**.

Every country has its own national **flag**.

The door **bell** is ringing.

Put down your **load** and rest.

We saw some water birds on the **lake**.

A hoe is an agricultural **tool**.

There was an apple jar on **deck**.

I have a feeling of **pity** for him.

He **hurt** my feelings.

Let's take a **rest** in that room.

I hid my **body** behind the curtain.

The North **Pole** is very cold.

She looks **ugly**.

The train is **due** in Seoul at 5:30 p.m.

I need to buy some **items** including housewares.

Wild flowers were growing in the garden.

I took **notes** of what she said.

We've met **once**.

➡ 날씨가 추울 때 물은 얼음으로 변한다.

➡ 패스트푸드는 지방과 소금이 많이 들어 있기 때문에 건강에 좋지 않다.

➡ 그는 총으로 새를 쏘았다.

➡ 모든 나라는 각각의 국기를 갖고 있다.

➡ 문의 벨이 울리고 있다.

➡ 짐을 내려놓고 쉬어라.

➡ 우리는 호수에 있는 물새들을 보았다.

➡ 괭이는 농기구이다.

➡ 갑판에는 사과 통이 하나 있었다.

➡ 나는 그를 측은하게 여기고 있다.

➡ 그는 내 기분을 상하게 했다.

➡ 저 방에서 쉽시다.

➡ 나는 커튼 뒤로 내 몸을 숨겼다.

➡ 북극은 아주 춥다.

➡ 그녀는 얼굴이 못생겼다.

➡ 기차는 오후 5시 30분에 서울에 도착할 예정이다.

➡ 나는 가정용품을 포함해서 몇몇 물건들을 사야 한다.

➡ 정원에는 야생화가 자라고 있었다.

➡ 나는 그녀가 한 말을 적었다.

➡ 우리는 한 번 만난 적이 있다.

0281 **here** [híər] 뷔 여기에 몡 여기	0291 **hall** [hɔːl] 몡 홀, 강당
0282 **week** [wiːk] 몡 주; 7일간	0292 **line** [lain] 몡 선; 줄, 열
0283 **wear** [wɛər] 동 입다; 쓰다; 신다; 끼다	0293 **look** [luk] 동 보다; ~처럼 보이다
0284 **job** [ʤab] 몡 일; 직업	0294 **fire** [faiər] 몡 불; 화재
0285 **use** [juːs] 몡동 이용(하다), 사용(하다)	0295 **zoo** [zuː] 몡 동물원
0286 **film** [film] 몡 필름; 영화	0296 **shoe** [ʃuː] 몡 구두, 신발
0287 **belt** [belt] 몡 띠, 벨트	0297 **each** [iːtʃ] 혱 각각의, 각자의
0288 **post** [poust] 몡 우편	0298 **lose** [luːz] 동 잃다; 길을 잃다
0289 **why** [hwai] 의 왜	0299 **nose** [nouz] 몡 코
0290 **how** [hau] 의 어떻게; 얼마만큼	0300 **play** [plei] 동 놀다; 연주하다

Minimal Phrases

from _____
여기부터

a large _____
큰 홀

this _____
이번 주

draw a _____ on the paper
종이에 **선**을 긋다

_____ light clothes
가벼운[얇은] 옷을 **입다**

_____ at the picture
그림을 **보다**

finish a _____
일을 끝내다

light a _____
불을 피우다

_____ a computer
컴퓨터를 **사용하다**

a tiger in a _____
동물원의 호랑이

a color _____
컬러 **필름**

new _____s
새 **신발**

a champion _____
챔피언 **벨트**

_____ team
각각의 팀

send by _____
우편으로 보내다

_____ one's purse
지갑을 **잃다**

_____ not?
왜 안돼?

a long _____
긴 **코**

_____ come?
어찌 된 일이야?

_____ in the room
방에서 **놀다**

67

Here is a picture of our school.

There are seven days in a **week**.

He is **wearing** a new coat.

She did a great **job**.

These tools have several **uses**.

Shall we go and see a **film**?

Please fasten your seat **belt**.

He works in the **post** office.

Why is she angry?

How do you spell the word?

There are many students in the **hall**.

The girls are standing in **line**.

He **looks** really young for his age.

Fire can burn everything.

We went to the **zoo** last Sunday.

Her **shoes** are covered in dirt.

There are windows on **each** side of a car.

I **lost** my way in the woods.

We smell with our **nose**.

She **plays** the violin very well.

➡ 여기에 우리 학교 사진이 있다.

➡ 1주일은 7일이다.

➡ 그는 새 외투를 입고 있다.

➡ 그녀는 굉장한 일을 해냈다.

➡ 이 도구들은 여러 가지 용도에 쓰인다.

➡ 우리 영화 보러 가지 않을래?

➡ 안전벨트 매세요.

➡ 그는 우체국에서 근무한다.

➡ 그 여자는 왜 화가 났습니까?

➡ 그 낱말은 철자를 어떻게 씁니까?

➡ 강당에 많은 학생들이 있다.

➡ 소녀들은 일렬로 서 있다.

➡ 그는 나이에 비해 정말 젊어 보인다.

➡ 불은 모든 것을 태울 수 있다.

➡ 우리는 지난 일요일에 동물원에 갔다.

➡ 그녀의 구두는 먼지로 뒤덮여 있다.

➡ 차의 양쪽에는 창문들이 있다.

➡ 나는 숲 속에서 길을 잃었다.

➡ 우리는 코로 냄새를 맡는다.

➡ 그녀는 바이올린을 매우 잘 연주한다.

0301	**year** [jíər] 몡 년, 해	0311	**when** [hwen] 의 언제
0302	**ball** [bɔːl] 몡 볼, 공	0312	**duck** [dʌk] 몡 오리
0303	**long** [lɔːŋ] 혱 긴, 오랜	0313	**disk** [disk] 몡 원반; 디스크
0304	**high** [hai] 혱 높은	0314	**desk** [desk] 몡 책상
0305	**lady** [léidi] 몡 부인; 숙녀	0315	**size** [saiz] 몡 크기; 치수, 사이즈
0306	**read** [riːd] 동 읽다	0316	**weak** [wiːk] 혱 약한
0307	**what** [hwat] 의 무엇, 어떤 것	0317	**span** [spæn] 몡 한 뼘; 짧은 거리; 기간
0308	**name** [neim] 몡 이름	0318	**hire** [haiər] 동 고용하다
0309	**step** [step] 몡 계단; 발걸음	0319	**gain** [gein] 동 얻다
0310	**after** [ǽftər] 전 ~의 다음에 접 ~한 후에	0320	**truth** [truːθ] 몡 진실, 사실

빈칸에 알맞는 단어를 쓰면서 외우세요.

next _____
다음 **해**

throw a _____
공을 던지다

a _____ **night**
긴 밤

a _____ **price**
고가

the first _____
대통령 **부인**[영부인]

_____ **a newspaper**
신문을 **읽다**

_____ **is ~?**
~은 **무엇**입니까?

call his _____
그의 **이름**을 부르다

the first _____
첫 **걸음**

_____ **I ate dinner**
저녁을 먹은 **후에**

_____ **is ~?**
~은 **언제**입니까?

a domestic _____
집**오리**

an optical _____ **file**
광**디스크** 파일

study at a _____
책상에서 공부하다

the _____ **of the window**
창문의 **크기**

a _____ **team**
약한 팀

a short _____
짧은 **기간**

_____ **a clerk**
점원을 **고용하다**

_____ **popularity**
인기를 **얻다**

tell the _____
진실을 말하다

71

I visited the village three **years** ago.

She picked up the **ball**.

It took a **long** time to finish the homework.

The fence is very **high**.

Who is that **lady**?

My brother is **reading** a book.

What do you want?

What is your **name**?

I'll be a few **steps** behind.

Tuesday comes **after** Monday.

When do you go to school?

The **ducks** are swimming in the pond.

The **disks** are in the cabinet.

I read and write at my **desk**.

These two caps are of the same **size**.

She is very **weak**.

Man's life **span** is short.

We're trying to **hire** more people.

He **gained** the championship.

I doubt the **truth** of the story.

➡ 나는 3년 전에 그 마을을 방문했다.

➡ 그녀는 그 공을 집어 들었다.

➡ 그 숙제를 마치는 데 오랜 시간이 걸렸다.

➡ 그 담은 아주 높다.

➡ 저 부인은 누구입니까?

➡ 내 남동생은 책을 읽고 있다.

➡ 너는 무엇을 원하니?

➡ 당신의 이름은 무엇입니까?

➡ 나는 몇 걸음 뒤에 있겠다.

➡ 화요일은 월요일 다음에 온다.

➡ 언제 학교에 가니?

➡ 오리들이 연못에서 헤엄치고 있다.

➡ 디스크들이 캐비닛 안에 있다.

➡ 나는 내 책상에서 읽고 쓴다.

➡ 이 두 개의 모자는 같은 크기이다.

➡ 그녀는 몸이 아주 약하다.

➡ 인간의 일생은 짧다.

➡ 우린 고용할 사람을 더 찾고 있다.

➡ 그는 선수권을 획득했다.

➡ 그 이야기가 정말인지 아닌지 의심스럽다.

0321
crab
[kræb] 명 게

0322
wolf
[wulf] 명 늑대

0323
sand
[sænd] 명 모래

0324
who
[hu:] 의 누구

0325
sell
[sel] 동 팔다

0326
role
[roul] 명 배역; 역할

0327
just
[dʒʌst] 부 꼭, 정확히; 다만; 방금

0328
hope
[houp] 동 바라다, 희망하다 명 희망, 기대

0329
tired
[taiərd] 형 피곤한; 질린

0330
dirty
[dɔ́ːrti] 형 더러운

0331
child
[tʃaild] 명 어린이, 아이

0332
hide
[haid] 동 감추다; 숨기다; 숨다

0333
seek
[siːk] 동 찾다; 추구하다

0334
over
[óuvər] 전 ~위에, ~을 넘는

0335
sure
[ʃuər] 형 틀림없는, 확실한

0336
there
[ðɛər] 부 거기에, 그곳에

0337
same
[seim] 형 같은

0338
some
[sʌm] 형 약간의, 몇 개의

0339
home
[houm] 명 가정; 집

0340
most
[moust] 형 대부분의, 가장 많은

be bitten by a _____
게에게 물리다

a little _____
어린 아이

a _____ in sheep's clothing
양의 탈을 쓴 **늑대**

_____ behind a tree
나무 뒤에 **숨다**

white _____
하얀 **모래**

_____ the truth
진리를 **탐구하다**

_____ is ~?
~은 **누구**입니까?

a bridge _____ the river
강 **위에** 다리

_____ a car
자동차를 **팔다**

be _____ of his success
그의 성공을 **확신하다**

the teacher's _____ in society
사회에서 교사의 **역할**

near _____
거기 근처에

_____ now
바로 지금

at the _____ price
같은 가격으로

give up _____
희망을 버리다

_____ apples
몇 개의 사과

be _____ of it
그것에 **질리다**

a happy _____
행복한 **가정**

a _____ face
더러운 얼굴

_____ people
대부분의 사람들

Animals like an octopus and a **crab** do not have a backbone.

A **wolf** appeared behind a tree.

Children like to play with **sand**.

Who wrote this book?

They **sell** shirts and socks.

He played an important **role** in the meeting.

I have **just** cleaned the floor.

I **hope** to see you again.

I am very **tired**.

My feet were **dirty**.

That **child** is crying.

He **hid** his diary under the desk.

We are **seeking** a solution to the problem.

He jumped **over** the fence.

It is the **sure** way to succeed.

I'll be **there** soon.

She wears the **same** clothes every day.

I have **some** books.

There is no place like **home**.

He has the **most** books.

➡ 문어나 게 같은 동물들에게는 등뼈가 없다.

➡ 늑대 한 마리가 나무 뒤에서 나타났다.

➡ 아이들은 모래를 가지고 놀기를 좋아한다.

➡ 누가 이 책을 썼습니까?

➡ 그들은 셔츠와 양말을 판다.

➡ 그는 그 모임에서 중요한 역할을 했다.

➡ 나는 지금 막 마루를 청소했다.

➡ 나는 당신을 다시 만나 뵙기를 바랍니다.

➡ 나는 몹시 피곤하다.

➡ 내 발은 더러웠다.

➡ 저 아이는 울고 있다.

➡ 그는 그의 일기장을 책상 밑에 숨겼다.

➡ 우리는 그 문제의 해결책을 찾고 있다.

➡ 그는 그 담을 뛰어 넘었다.

➡ 그것은 성공하는 확실한 방법이다.

➡ 곧 그곳으로 가겠습니다.

➡ 그녀는 매일 같은 옷을 입는다.

➡ 나는 몇 권의 책을 가지고 있다.

➡ 집보다 더 좋은 곳은 없다.

➡ 그가 책을 가장 많이 가지고 있다.

0341 stick [stik] 몡 막대기; 지팡이	**0351 spill** [spil] 툉 엎지르다
0342 twin [twin] 몡혱 쌍둥이(의)	**0352 bud** [bʌd] 몡 꽃눈; 꽃봉오리
0343 gold [gould] 몡 금, 황금	**0353 root** [ruːt] 몡 (식물의) 뿌리; 근원
0344 motto [mátou] 몡 좌우명; 표어	**0354 fight** [fait] 툉 싸우다, 다투다
0345 sight [sait] 몡 시각; 시력	**0355 peck** [pek] 툉 쪼다
0346 false [fɔːls] 혱 그릇된; 거짓의; 가짜의	**0356 fact** [fækt] 몡 사실
0347 roof [ruːf] 몡 지붕	**0357 key** [kiː] 몡 열쇠
0348 rank [ræŋk] 몡 계급; 열	**0358 mad** [mæd] 혱 미친; 열광하는
0349 rush [rʌʃ] 툉 돌진하다, 달려들다	**0359 fair** [fɛər] 혱 공정한
0350 goal [goul] 몡 목적, 목표; 골	**0360 row** [rou] 몡 열, 줄 툉 (배 등을) 젓다

strike with a _____
지팡이로 때리다

_____ milk
우유를 엎지르다

_____ brothers
쌍둥이 형제

a flower _____
꽃눈

a _____ watch
금시계

take _____
뿌리를 내리다

a school _____
교훈

_____ the enemy
적과 싸우다

have good _____
시력이 좋다

_____ the corn
옥수수를 쪼아 먹다

a _____ coin
가짜 동전

tell the _____
사실을 말하다

the _____ of a car
차의 지붕

lose a _____
열쇠를 잃다

the upper _____s of society
상류 사회

act like a _____ man
미친 사람처럼 행동하다

_____ into the room
방으로 뛰어 들어가다

a _____ decision
공정한 결정

one's _____ in life
인생의 목표

a _____ of houses
줄지어 선 집들

She gave me a **stick** of candy.

The **twins** look exactly the same.

There were several **gold** bars in the pond.

"Think before you speak" is a good **motto**.

What a beautiful **sight** it is!

The rumor turned out to be **false**.

Our house has a red **roof**.

We sat in the front **rank**.

He **rushed** at me.

Goalkeepers need to keep the ball away from the **goal**.

Tony **spilled** the water on the floor.

The roses are still in **bud**.

Money is the **root** of all evil.

The two boys **fought** each other.

Woodpeckers **peck** holes in trees.

It is a **fact** that everything changes.

I lost the **key** yesterday.

He is **mad** on photography.

We must play a **fair** game.

The boys are standing in a **row**.

➡ 그녀는 내게 막대 사탕을 주었다.

➡ 그 쌍둥이는 정말 똑같다.

➡ 그 연못 안에는 금덩이가 여럿 있었다.

➡ "말하기 전에 생각부터 하라"는 훌륭한 좌우명이다.

➡ 얼마나 아름다운 경치인가!

➡ 그 소문은 거짓으로 판명되었다.

➡ 우리 집은 빨간 지붕이다.

➡ 우리는 앞줄에 앉았다.

➡ 그는 나에게 달려들었다.

➡ 골키퍼는 공이 골에 못 들어오게 해야 한다.

➡ 토니가 물을 바닥에 쏟았다.

➡ 장미꽃은 아직 봉오리 상태다.

➡ 돈은 모든 악의 근원이다.

➡ 두 소년은 서로 싸웠다.

➡ 딱따구리는 나무를 쪼아 구멍을 뚫는다.

➡ 모든 것이 변한다는 것은 사실이다.

➡ 나는 어제 열쇠를 잃어버렸다.

➡ 그는 사진에 미쳐 있다.

➡ 우리는 공정한 경기를 해야 한다.

➡ 소년들은 한 줄로 서 있다.

0361
bike
[baik] 명 자전거

0362
seed
[siːd] 명 씨[씨앗]

0363
site
[sait] 명 터, 대지; 사이트(인터넷)

0364
boss
[bɔːs] 명 우두머리, 사장

0365
lazy
[léizi] 형 게으른

0366
god
[gad] 명 신, 하느님

0367
mop
[map] 명 대걸레 동 걸레질하다

0368
pot
[pat] 명 항아리, 포트

0369
star
[staːr] 명 별

0370
soil
[sɔil] 명 흙, 땅

0371
link
[liŋk] 명 고리; 유대 동 잇다

0372
bill
[bil] 명 계산서; 지폐

0373
owe
[ou] 동 빚지고 있다

0374
bow
[bau] 동 절하다, 머리를 숙이다

0375
pull
[pul] 동 잡아당기다

0376
sink
[siŋk] 동 가라앉다; (해·달이) 지다

0377
low
[lou] 형 낮은; (값이) 싼

0378
kin
[kin] 명 친척

0379
bin
[bin] 명 큰 상자; 저장소

0380
pray
[prei] 동 빌다; 간청하다

ride a _____
자전거를 타다

heavy _____s
무거운 사슬 고리

grain _____s
곡물의 종자

a grocery _____
식료품점의 계산서

the _____ for a new school
신설 학교의 대지

_____ a duty
의무를 지다

the _____ of a company
회사의 우두머리

_____ to my teacher
선생님께 머리를 숙이다

a _____ man
게으른 사람

_____ a dog's tail
개의 꼬리를 잡아당기다

believe in _____
신을 믿다

_____ under water
물에 잠기다

_____ up spilt water
엎지른 물을 닦다

a _____ voice
낮은 목소리

juice in a _____
포트 속의 주스

next of _____
가장 가까운 친척

a bright _____
밝은 별

a bread _____
빵 저장통

rich _____
기름진 땅

_____ for pardon
용서를 빌다

They go to school by **bike**.

Plants develop from **seeds**.

They situated a factory on a suitable **site**.

My **boss** is a workaholic.

The **lazy** boys failed the examination.

Many people believe in **God**.

He's **mopping** the floor.

She has a silver **pot**.

We can see many **stars** at night.

Plants take water from the **soil**.

The **link** between sisters is strong.

Can I have the **bill**?

I **owe** you an apology.

They **bowed** to the king.

He **pulled** my hair.

The sun was **sinking** in the west.

I bought this fountain pen at a **low** price.

He is **kin** to me.

The clerk is putting fruit in **bins**.

They **prayed** for rain.

⇒ 그들은 자전거를 타고 등교한다.

⇒ 식물은 씨에서 자란다.

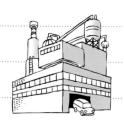

⇒ 그들은 적당한 장소에 공장을 세웠다.

⇒ 우리 사장님은 일벌레이다.

⇒ 그 게으른 소년들은 시험에 떨어졌다.

⇒ 많은 사람들은 신을 믿는다.

⇒ 그는 대걸레로 바닥을 청소하고 있다.

⇒ 그녀는 은으로 만든 포트를 가지고 있다.

⇒ 우리는 밤에 많은 별을 볼 수 있다.

⇒ 식물은 땅에서 물을 얻는다.

⇒ 자매들 간의 유대가 강하다.

⇒ 계산서 좀 주세요.

⇒ 당신에게 사과할 일이 있습니다.

⇒ 그들은 왕에게 절을 하였다.

⇒ 그는 나의 머리를 잡아당겼다.

⇒ 해가 서쪽으로 지고 있었다.

⇒ 나는 이 만년필을 싼 값에 샀다.

⇒ 그는 내 친척이다.

⇒ 점원이 과일을 상자에 담고 있다.

⇒ 그들은 비를 내려달라고 빌었다.

0381
tale
[teil] 몡 이야기

0382
oar
[ɔːr] 몡 동 노(를 젓다)

0383
rate
[reit] 몡 비율; 요금

0384
calm
[kaːm] 몡 정적 혱 조용한

0385
pat
[pæt] 동 가볍게 두드리다, 쓰다듬다

0386
file
[fail] 몡 서류철 동 철하다

0387
face
[feis] 몡 얼굴; 표면, 겉

0388
pain
[pein] 몡 아픔, 고통

0389
form
[fɔːrm] 몡 형식; 서류양식

0390
slip
[slip] 동 미끄러지다

0391
rent
[rent] 몡 집세 동 임대하다

0392
fairy
[fɛ́əri] 몡 요정

0393
dive
[daiv] 동 뛰어들다

0394
hold
[hould] 동 (손에) 들다, 잡다

0395
diet
[dáiət] 몡 식사; 규정식

0396
bake
[beik] 동 (오븐으로) 굽다

0397
ax
[æks] 몡 도끼

0398
iron
[áiərn] 몡 철; 다리미

0399
bowl
[boul] 몡 그릇

0400
ring
[riŋ] 동 (벨 등이) 울리다

a fairy _____
동화

a low _____
싼 집세

_____ a boat
배를 젓다

a wicked _____
심술궂은 요정

the birth _____
출산율

_____ into a river
강물에 뛰어들다

the _____ before the storm
폭풍우 전의 고요

_____ an arm
팔을 잡다

_____ a dog
개를 쓰다듬다

a vegetable _____
채식

a _____ of the Times
더 타임스 철

_____ pottery
도자기를 굽다

a broad _____
넓적한 얼굴

lift a heavy _____
무거운 도끼를 들어 올리다

cry with _____
통증으로 소리치다

an electric _____
전기다리미

a literary _____
문학 형식

a _____ of rice
밥 한 공기

_____ along over the snow
눈 위를 미끄러져 가다

_____ a bell
벨을 울리다

There is an air of romance about his **tale**.

He pulled the **oars** hard.

The **rate** is 50 dollars a day.

After the storm comes a **calm**.

I **patted** the kitten.

I need those **files** by tomorrow morning.

He is washing his **face**.

I feel **pain** in my hand.

Fill in this **form**.

He **slipped** on a banana skin.

She pays her **rent** every week.

Do you believe **fairies** exist?

The woman is watching the boy **dive**.

He is **holding** a bat in his right hand.

It is important to have a balanced **diet**.

He is **baking** bread in the oven.

He cut down a tree with an **ax**.

Strike while the **iron** is hot.

First, a **bowl** of vegetable soup was served.

The bell is **ringing**.

→ 그의 이야기에는 로맨틱한 분위기가 있다.

→ 그는 노를 힘껏 저었다.

→ 요금은 하루에 50달러이다.

→ 폭풍우가 지나면 고요함이 온다.

→ 나는 새끼 고양이를 쓰다듬었다.

→ 그 서류철이 내일 아침까지 필요하다.

→ 그는 얼굴을 씻고 있다.

→ 손이 아프다.

→ 이 서류를 작성하라.

→ 그는 바나나 껍질을 밟아서 미끄러졌다.

→ 그녀는 매주 임대료를 지불한다.

→ 당신은 요정이 존재한다고 믿으세요?

→ 여자가 소년이 다이빙하는 것을 보고 있다.

→ 그는 오른손에 배트를 들고 있다.

→ 균형 잡힌 식사를 하는 것이 중요하다.

→ 그는 오븐에 빵을 굽고 있다.

→ 그는 도끼로 나무 한 그루를 베었다.

→ 쇠는 달구어졌을 때 두드려라.

→ 먼저 야채 수프가 나왔다.

→ 벨이 울리고 있다.

0401
total
[tóutl] 형 전체의; 합계의

0411
while
[hwail] 접 ~하는 동안

0402
gate
[geit] 명 문

0412
soap
[soup] 명 비누

0403
mark
[maːrk] 명 표, 기호; 표시

0413
pilot
[páilət] 명 조종사, 파일럿

0404
print
[print] 명 동 인쇄(하다)

0414
spray
[sprei] 명 스프레이 동 뿌리다

0405
cloth
[klɔːθ] 명 천, 직물

0415
earth
[əːrθ] 명 지구

0406
thick
[θik] 형 두꺼운

0416
sharp
[ʃaːrp] 형 날카로운

0407
harm
[haːrm] 명 동 해(치다)

0417
finger
[fíŋgər] 명 손가락

0408
silver
[sílvər] 명 형 은(의)

0418
clock
[klak] 명 시계

0409
twist
[twist] 동 꼬다, 비틀어 돌리다

0419
greet
[griːt] 동 인사하다, 환영하다

0410
slice
[slais] 명 얇게 썬 조각 동 얇게 썰다

0420
melt
[melt] 동 녹다

90

the sum _____
총액

_____ he was staying
그가 머무르는 **동안**

open a _____
문을 열다

liquid _____
액체 **비누**

a question _____
물음**표**

an old _____
나이든 **조종사**

_____ posters
포스터를 **인쇄하다**

put _____ on one's hair
머리에 **스프레이**를 뿌리다

clean _____
깨끗한 **천**

live on the _____
지구에 살다

a _____ line
굵은 선

_____ eyes
예리한 눈

bodily _____
육체적 **위해**

long _____s
긴 **손가락**

exchange gold for _____
금과 **은**을 교환하다

an alarm _____
자명종 **시계**

_____ a thread
실을 **꼬다**

_____ a person with a
handshake 악수로 사람을 **맞이하다**

_____ an apple
사과를 **얇게 썰다**

_____ iron
철을 **녹이다**

The **total** number of students in this class is forty.

A man is standing by the **gate**.

There is a red **mark** where you hit your head.

This book is clearly **printed**.

Mother bought a yard of **cloth**.

The dictionary is very **thick**.

Television can do students **harm**.

Silver is used for forks, dishes and other things.

The river **twists** through the field.

I ate a **slice** of toast for lunch.

They arrived **while** we were having dinner.

Wash your hands with **soap**.

I want to be a **pilot**.

She **sprayed** yellow paint on the fence.

The **earth** moves round the sun.

This knife is **sharp**.

Mary wears a ring on her **finger**.

There is a **clock** on the wall.

They **greeted** me with a smile.

Ice **melts** into water.

➡ 이 학급의 전체 학생 수는 40명이다.

➡ 한 사람이 문 옆에 서 있다.

➡ 네가 머리 부딪친 곳에 붉은 자국이 있다.

➡ 이 책은 선명하게 인쇄되어 있다.

➡ 어머니는 1야드의 천을 샀다.

➡ 그 사전은 매우 두껍다.

➡ 텔레비전은 학생들에게 해를 끼칠 수도 있다.

➡ 은은 포크, 접시나 그 밖의 것에 쓰인다.

➡ 강은 들판을 굽이쳐 흐르고 있다.

➡ 나는 점심에 토스트 한 조각을 먹었다.

➡ 우리가 저녁을 먹고 있는 동안 그들이 도착했다.

➡ 비누로 손을 씻어라.

➡ 나는 조종사가 되고 싶다.

➡ 그녀는 노란색 페인트를 담에 뿌렸다.

➡ 지구는 태양 둘레를 돈다.

➡ 이 칼은 날카롭다.

➡ 메리는 손가락에 반지를 끼고 있다.

➡ 벽에 시계가 하나 있다.

➡ 그들은 웃으며 나를 환영했다.

➡ 얼음은 녹아서 물이 된다.

0421
either
[íːðər] 젭 (either A or B) A 또는 B

0431
flour
[flauər] 명 밀가루

0422
steel
[stiːl] 명 강철

0432
heat
[hiːt] 명 열

0423
knife
[naif] 명 칼

0433
pass
[pæs] 동 지나가다; 합격하다

0424
crow
[krou] 명 까마귀

0434
lend
[lend] 동 빌려 주다

0425
hare
[hɛər] 명 산토끼

0435
come
[kʌm] 동 오다

0426
road
[roud] 명 길, 도로

0436
copy
[kápi] 동 베끼다, 복사하다

0427
wood
[wud] 명 나무

0437
lean
[liːn] 동 기대다; 의지하다

0428
brick
[brik] 명 벽돌

0438
smell
[smel] 동 냄새가 나다; 냄새를 맡다

0429
onto
[ántuː] 전 ~위에, 위로

0439
baby
[béibi] 명 아기

0430
fold
[fould] 동 접다; (팔짱을) 끼다

0440
class
[klæs] 명 학급; 수업

_____ you or me
너나 나나 **둘 중 하나**

make _____ into bread
밀가루를 빵으로 만들다

a _____ helmet
철모

the _____ of the sun
태양**열**

cut one's finger with a _____
칼로 손가락을 베다

_____ the examination
시험에 **합격하다**

a flock of _____s
까마귀 떼

_____ him some money
그에게 약간의 돈을 **빌려 주다**

go on a _____ hunt
토끼 사냥가다

_____ to see me
나를 만나러 **오다**

cars on the _____
도로 위의 차

_____ the article
기사를 **복사하다**

cut _____
나무를 자르다

_____ against a wall
벽에 **기대다**

a wall of _____s
벽돌 벽

_____ sweet
달콤한 **냄새가 나다**

get _____ a horse
말에 **올라**타다

take care of a _____
아기를 돌보다

_____ arms
팔짱을 **끼다**

a math _____
수학 **수업**

Can you speak **either** English or French?

This factory produces **steel**.

We cut the cake with a **knife**.

The **crow** is an intelligent bird.

Many **hares** turn white in winter.

There are many cars on the **road**.

The box is made of **wood**.

Some walls are made of **bricks**.

A dog has jumped up **onto** the stage.

I **folded** the paper in two.

Flour is as white as snow.

The sun gives us light and **heat**.

I have to **pass** this way to go to school.

Can you **lend** me your pen?

He will **come** tomorrow.

He **copied** the book from beginning to end.

We **lean** on our parents when we are children.

We **smell** with our noses.

A **baby** cried until its mother came back.

Tom and I study in the same **class**.

➡ 너는 영어나 프랑스어를 할 줄 아니?

➡ 이 공장은 강철을 생산한다.

➡ 우리는 칼로 케이크를 잘랐다.

➡ 까마귀는 똑똑한 새이다.

➡ 많은 산토끼들이 겨울에는 하얗게 변한다.

➡ 도로에는 많은 차가 있다.

➡ 그 상자는 나무로 만들어졌다.

➡ 어떤 벽은 벽돌로 되어 있다.

➡ 개가 무대 위로 뛰어올랐다.

➡ 나는 그 종이를 둘로 접었다.

➡ 밀가루는 눈처럼 하얗다.

➡ 태양은 우리에게 빛과 열을 준다.

➡ 나는 학교에 가기 위해 이 길을 지나가야 한다.

➡ 네 펜 좀 빌려 주겠니?

➡ 그는 내일 올 것이다.

➡ 그는 그 책을 처음부터 끝까지 베꼈다.

➡ 우리는 어릴 때 부모님께 의지한다.

➡ 우리들은 코로 냄새를 맡는다.

➡ 한 아기가 엄마가 올 때까지 울었다.

➡ 탐과 나는 같은 반에서 공부한다.

0441 **sister** [sístər] 몡 여자 형제, 언니, 여동생	0451 **able** [eibl] 혱 ~할 수 있는; 유능한
0442 **friend** [frend] 몡 친구	0452 **such** [sʌtʃ] 혱 그와 같은, 그런
0443 **save** [seiv] 동 구하다; 저축하다	0453 **seem** [siːm] 동 ~인 것 같다, ~처럼 보이다
0444 **thing** [θiŋ] 몡 물건, 것	0454 **path** [pæθ] 몡 작은 길
0445 **think** [θiŋk] 동 생각하다	0455 **clerk** [kləːrk] 몡 사무원
0446 **thank** [θæŋk] 동 감사하다	0456 **thief** [θiːf] 몡 도둑
0447 **spell** [spel] 동 철자하다, ~의 철자를 쓰다	0457 **mind** [maind] 몡 마음
0448 **many** [méni] 혱 (수가) 많은	0458 **even** [íːvən] 믐 ~조차, ~마저
0449 **much** [mʌtʃ] 혱 (양이) 많은 믐 많이	0459 **math** [mæθ] 몡 수학
0450 **small** [smɔːl] 혱 작은	0460 **really** [ríːəli] 믐 참으로, 정말로

빈칸에 알맞는 단어를 쓰면서 외우세요.

a big[elder] _____
언니

an _____ teacher
유능한 교사

a _____ of mine
나의 **친구**

_____ a thing
그와 같은 것

_____ her life
그녀의 목숨을 **구하다**

_____ happy
행복해 **보이다**

buy many _____s
많은 **것**을 사다

a bicycle _____
자전거 **도로**

_____ carefully
신중히 **생각하다**

a young _____
젊은 **사무원**

_____ him for his help
그의 도움에 **감사하다**

a cow _____
소도둑

_____ his name
그의 이름의 **철자를 쓰다**

change one's _____
마음을 바꾸다

_____ friends
많은 친구들

cool _____ in August
8월**인데도** 시원하다

know _____ about her
그녀에 대해서 **많이** 알다

a _____ problem
수학 문제

a _____ animal
작은 동물

a _____ charming person
정말 매력적인 사람

99

She is no less clever than her **sister**.

You are my best **friend**.

He **saved** some money for his trip.

What are those **things** on the table?

Do you **think** it will rain?

Thank you very much for your kind invitation.

How do you **spell** this word?

He has **many** books.

There is not **much** wine in the bottle.

This cap is **small**.

He is **able** to lift the rock.

Don't say **such** a bad word.

He **seems** young.

I walked up the **path** through the woods.

My sister is a **clerk**.

The **thief** broke into his house last night.

Tell me what you have in **mind**.

Even a child can do it.

English is easier than **math**.

I **really** want to buy this book.

→ 그녀는 동생 못지않게 영리하다.

→ 너는 나의 가장 좋은 친구이다.

→ 그는 여행을 위해 얼마간의 돈을 저축했다.

→ 탁자 위에 있는 저 물건들은 무엇이냐?

→ 비가 올 거라고 생각하니?

→ 초대해 주셔서 대단히 감사합니다.

→ 이 낱말은 어떻게 철자합니까?

→ 그는 많은 책을 가지고 있다.

→ 병에 포도주가 많지 않다.

→ 이 모자는 작다.

→ 그는 바위를 들 수 있다.

→ 그와 같은 나쁜 말은 하지 마라.

→ 그는 젊어 보인다.

→ 나는 숲 속의 오솔길을 걸어 올라갔다.

→ 나의 누이는 사무원이다.

→ 어젯밤 그의 집에 도둑이 들었다.

→ 마음에 두고 있는 것을 말해 보아라.

→ 어린아이조차도 그것을 할 수 있다.

→ 영어는 수학보다 쉽다.

→ 나는 정말로 이 책을 사고 싶다.

0461 **today**
[tudéi] 명 오늘 부 오늘은

0462 **open**
[óupən] 동 열다; 펴다

0463 **plan**
[plæn] 명 계획하다

0464 **then**
[ðen] 부 그때

0465 **want**
[wɔ:nt] 동 원하다; ~하고 싶다

0466 **quiet**
[kwáiət] 형 조용한

0467 **quite**
[kwait] 부 아주, 꽤

0468 **great**
[greit] 형 큰; 굉장한

0469 **fruit**
[fru:t] 명 과일

0470 **grow**
[grou] 동 성장하다; 재배하다

0471 **farm**
[fa:rm] 명 농장

0472 **field**
[fi:ld] 명 벌판, 들; 밭

0473 **early**
[ə́:rli] 부 일찍

0474 **sweet**
[swi:t] 형 단, 달콤한

0475 **plant**
[plænt] 명 식물

0476 **uncle**
[ʌ́ŋkəl] 명 삼촌

0477 **swim**
[swim] 동 헤엄치다, 수영하다

0478 **take**
[teik] 동 데려가다, 가져가다; 타다

0479 **make**
[meik] 동 만들다

0480 **move**
[mu:v] 동 움직이다; 옮기다

_____'s newspaper
오늘 신문

a fruit _____
과수원

_____ the door
문을 **열다**

play in the green _____
풀**밭**에서 놀다

_____ a party
파티를 **계획하다**

get up _____
일찍 일어나다

since _____
그 이후

a _____ cake
단 케이크

_____ a digital camera
디지털 카메라를 **원하다**

a water _____
수생 **식물**

_____ suburbs
조용한 교외

my _____ Jim
우리 짐 **삼촌**

_____ dark
아주 어둡다

_____ in the sea
바다에서 **헤엄치다**

a _____ animal
큰 동물

_____ a taxi
택시를 **타다**

fresh _____
신선한 **과일**

_____ a dress
드레스를 **만들다**

_____ very quickly
매우 빨리 **자라다**

_____ the table
탁자를 **옮기다**

We have no school **today**.

Open your book to page 20.

At breakfast I **planned** my day.

We lived in the country **then**.

I **want** to see you.

The night was dark and **quiet**.

He was **quite** young.

It's a **great** party.

What **fruit** do you like best?

He **grows** many plants.

A farmer works on the **farm**.

Cows are eating grass in the **field**.

Tom goes to school **early** in the morning.

She likes **sweet** tea.

There are many wild **plants** in the field.

His **uncle** is a teacher.

I can **swim** to the other side of the river.

We **took** the children to the zoo.

The children are **making** a snowman.

He **moved** to an apartment.

➡ 오늘은 수업이 없다.

➡ 책 20 페이지를 펴시오.

➡ 아침을 먹으며 나는 하루를 계획했다.

➡ 우리는 그때 시골에 살았다.

➡ 나는 네가 보고 싶다.

➡ 그날 밤은 어둡고 조용했다.

➡ 그는 꽤 젊었다.

➡ 굉장한 파티다.

➡ 무슨 과일을 제일 좋아하니?

➡ 그는 많은 식물들을 재배한다.

➡ 농부는 농장에서 일한다.

➡ 소들이 들에서 풀을 먹고 있다.

➡ 탐은 아침 일찍 학교에 간다.

➡ 그녀는 달콤한 차를 좋아한다.

➡ 들에는 많은 야생 식물이 있다.

➡ 그의 삼촌은 선생님이다.

➡ 나는 강 건너까지 헤엄칠 수 있다.

➡ 우리는 아이들을 동물원에 데려갔다.

➡ 아이들은 눈사람을 만들고 있다.

➡ 그는 아파트로 이사했다.

0481
later
[léitər] 🔵 뒤에, 나중에

0491
smart
[smaːrt] 🔴 재치 있는, 똑똑한

0482
drug
[drʌg] 🟢 약

0492
exam
[igzǽm] 🟢 시험

0483
crop
[krɑp] 🟢 농작물; 수확

0493
web
[web] 🟢 거미집; ~망

0484
nor
[nɔːr] 🟣 (neither A nor B) A도 B도 아니다

0494
hate
[heit] 🟡 미워하다 🟢 미움

0485
wind
[wind] 🟢 바람

0495
show
[ʃou] 🟡 보여 주다; 안내하다

0486
wave
[weiv] 🟢 물결, 파도 🟡 손짓하다

0496
pants
[pænts] 🟢 바지

0487
junk
[dʒʌŋk] 🟢 폐품, 쓰레기

0497
quiz
[kwiz] 🟢 간단한 시험, 퀴즈

0488
label
[léibəl] 🟢🟡 라벨(을 붙이다)

0498
hand
[hænd] 🟢 손

0489
taste
[teist] 🟡 맛이 나다

0499
pool
[puːl] 🟢 수영장

0490
noisy
[nɔ́izi] 🔴 시끄러운

0500
pear
[pɛər] 🟢 <과일> 배

a few minutes ＿＿＿
몇 분 <u>후에</u>

a ＿＿＿ student
<u>영리한</u> 학생

a pain-killing ＿＿＿
진통<u>제</u>

an English ＿＿＿
영어 <u>시험</u>

gather a ＿＿＿
<u>농작물</u>을 수확하다

a spider's ＿＿＿
거미<u>줄</u>

neither read ＿＿ write
읽지<u>도</u> 쓰지도 못하다

love and ＿＿＿
사랑과 <u>증오</u>

a cold ＿＿＿
찬<u>바람</u>

＿＿＿ the picture
그림을 <u>보여주다</u>

＿＿＿ a flag
깃발을 <u>흔들다</u>

a pair of ＿＿＿
<u>바지</u> 한 벌

a ＿＿ car
<u>고물</u>차

take a ＿＿＿
<u>시험</u>을 치다

＿＿＿ a bottle
병에 <u>라벨을 붙이다</u>

make by ＿＿＿
<u>손</u>으로 만들다

＿＿＿ sour
<u>신맛이 나다</u>

swim in the ＿＿＿
<u>풀장</u>에서 수영하다

a ＿＿＿ classroom
<u>시끄러운</u> 교실

a juicy ＿＿＿
즙이 많은 <u>배</u>

107

The accident took place a few minutes **later**.

The **drug** operated well.

The rice **crop** is already in.

It is neither too cold **nor** too hot.

The **wind** was blowing.

The **waves** are very high today.

The floor was piled high with **junk**.

The washing instructions are on the **label**.

It **tastes** sweet.

The road is very **noisy** with traffic.

The policeman looks very **smart**.

I studied for an **exam**.

The spider is spinning a **web**.

They **hate** each other.

Will you **show** me the way to the station?

I always wear **pants** and a shirt.

He listened to a **quiz** program on the radio.

We have two **hands**.

He is swimming in an outdoor **pool**.

These **pears** are very sweet.

➡ 그 사고는 몇 분 후에 일어났다.

➡ 그 약은 효험이 있었다.

➡ 벼의 추수가 벌써 끝났다.

➡ 너무 춥지도 너무 덥지도 않다.

➡ 바람이 불고 있었다.

➡ 오늘은 파도가 높다.

➡ 마루에는 잡동사니가 산더미처럼 쌓여 있었다.

➡ 세탁방법은 라벨에 있다.

➡ 그것은 달콤한 맛이 난다.

➡ 거리는 자동차들 때문에 무척 시끄럽다.

➡ 그 경찰은 매우 재치 있어 보인다.

➡ 시험에 대비하여 공부를 했다.

➡ 거미가 거미줄을 잣고 있다.

➡ 그들은 서로 미워한다.

➡ 역으로 가는 길을 알려 주시겠습니까?

➡ 나는 항상 바지와 셔츠를 입는다.

➡ 그는 라디오 퀴즈 프로그램을 들었다.

➡ 우리는 손이 둘 있다.

➡ 그는 실외 수영장에서 수영하고 있다.

➡ 이 배들은 정말 달다.

Part
2

Basic
Stage

Essential
Stage

Advanced
Stage

중1-2학생이면 누구나 꼭 알아야 할 필수 단어이
므로 이것만 모두 암기하면 영어에 대한 두려움이
사라질 거예요.

26 일째   단어를 3번씩 큰소리로 읽으면서 체크하세요.

0501
start
[staːrt] 동 출발하다

0502
night
[nait] 명 저녁, 밤

0503
table
[teibl] 명 탁자, 테이블

0504
must
[mʌst] 조 ~해야 한다 명 꼭 필요한 것

0505
into
[íntuː] 전 ~의 안에; ~으로

0506
king
[kiŋ] 명 왕

0507
meet
[miːt] 동 만나다

0508
brother
[brʌ́ðər] 명 형제

0509
where
[hwɛ́ər] 의 어디에

0510
about
[əbáut] 전 ~에 대하여

0511
store
[stɔːr] 명 가게, 상점

0512
wash
[waʃ] 동 씻다, 빨래하다

0513
evening
[íːvniŋ] 명 저녁

0514
morning
[mɔ́ːrniŋ] 명 아침; 오전

0515
afternoon
[æ̀ftərnúːn] 명 오후

0516
lunch
[lʌntʃ] 명 점심

0517
dinner
[dínər] 명 저녁식사; 만찬

0518
than
[ðæn] 접 ~보다(도)

0519
break
[breik] 동 깨다, 고장 내다

0520
money
[mʌ́ni] 명 돈

112

_____ to dance
춤을 추기 <u>시작하다</u>

open a _____
상점을 열다

late at _____
밤 늦게

_____ a car
세차(장)

sit around a _____
테이블에 둘러앉다

early in the _____
저녁 일찍

a _____-have
꼭 갖추어야 할 것

from _____ till evening
아침부터 저녁까지

jump _____ the pool
풀에 뛰어들다

on Monday _____
월요일 오후에

the _____ of all animals
모든 짐승의 왕

eat _____
점심을 먹다

_____ a friend of mine
내 친구를 <u>만나다</u>

invite to _____
만찬에 초대하다

a blood _____
피를 나눈 형제

older _____ me
나<u>보다</u> 나이가 많다

_____ is ~?
~은 <u>어디</u>입니까?

_____ the window
유리창을 깨뜨리다

know _____ her
그녀에 대해 알다

change _____
환전하다

113

She **started** for Seoul this morning.

The moon shines at **night**.

There is a round **table** in the room.

You **must** study hard.

A gentleman went **into** the hotel.

The **king** wears a crown on his head.

I am glad to **meet** you.

I argue with my **brother** all the time.

Where were you yesterday?

This book is **about** animals.

He bought apples at the fruit **store**.

I **wash** my face and go to school.

I will work in the **evening**.

He left home early in the **morning**.

School ends in the **afternoon**.

What will you have for **lunch**?

We have **dinner** at six o'clock.

He is six inches taller **than** me.

He **broke** his leg.

I have no **money**.

➡ 그녀는 오늘 아침 서울을 향해 출발했다.

➡ 달은 밤에 빛난다.

➡ 방안에는 둥근 탁자가 있다.

➡ 너는 열심히 공부해야 한다.

➡ 한 신사가 그 호텔 안으로 들어갔다.

➡ 왕은 머리에 왕관을 쓰고 있다.

➡ 만나 뵙게 되어 기쁩니다.

➡ 나는 항상 형과 논쟁을 한다.

➡ 어제 어디에 계셨습니까?

➡ 이 책은 동물에 대한 내용이다.

➡ 그는 과일 가게에서 사과를 샀다.

➡ 나는 세수를 하고 학교에 간다.

➡ 나는 저녁에 일하겠다.

➡ 그는 아침 일찍 집을 나섰다.

➡ 학교는 오후에 끝난다.

➡ 점심은 무엇을 먹을 거니?

➡ 우리는 6시에 저녁을 먹는다.

➡ 그는 나보다 키가 6인치 더 크다.

➡ 그는 다리가 부러졌다.

➡ 나는 돈이 하나도 없다.

0521 **young** [jʌŋ] 형 젊은	0531 **dark** [daːrk] 형 어두운; (색이) 짙은
0522 **happy** [hǽpi] 형 행복한	0532 **sky** [skai] 명 하늘
0523 **little** [lítl] 형 작은 부 거의 ~하지 않다	0533 **snow** [snou] 명 눈 동 눈이 오다
0524 **short** [ʃɔːrt] 형 짧은; 키가 작은	0534 **dish** [diʃ] 명 접시
0525 **clean** [kliːn] 형 깨끗한	0535 **rice** [rais] 명 쌀; 밥
0526 **color** [kʌ́lər] 명 색깔, 색상	0536 **also** [ɔ́ːlsou] 부 ~도, 역시
0527 **apple** [æpl] 명 사과	0537 **tank** [tæŋk] 명 탱크
0528 **brow** [brau] 명 눈썹; 이마	0538 **both** [bouθ] 대 양쪽, 쌍방
0529 **thin** [θin] 형 얇은; 마른	0539 **north** [nɔːrθ] 명형 북쪽(의)
0530 **need** [niːd] 동 필요하다; ~할 필요가 있다	0540 **south** [sauθ] 명형 남쪽(의)

a _____ gentleman
젊은 신사

a _____ night
어두운 밤

a _____ family
행복한 가정

a clear _____
맑은 하늘

a _____ money
적은 돈

be covered with _____
눈으로 덮이다

a _____ story
짧은 이야기

a _____ of meat
고기 한 접시

a _____ room
깨끗한 방

cook _____
밥을 짓다

a dark _____
어두운 색

_____ like movies
영화도 좋아하다

cut an _____ in half
사과를 반으로 자르다

_____s for storing oil
석유 저장 탱크

draw one's _____s together
눈썹을 찡그리다

_____ of the brothers
그 형제 둘 다

_____ paper
얇은 종이

a _____ wind
북풍

_____ a friend
친구가 필요하다

a _____ gate
남쪽 문

He looks **young.**

We had a **happy** time yesterday.

I **little** thought that he would come back again.

He is **shorter** than you.

The beaches were **clean** and beautiful, too.

A rainbow has many **colors.**

Apples are plentiful in the fall.

Man must live by the sweat of his **brow.**

A **thin** girl is standing there.

You **need** to be more careful.

My sister has **dark** hair and **dark** eyes.

On a clear day, the **sky** is blue.

Snow falls from the sky in winter.

The cook put the food in a **dish.**

They use chopsticks to eat **rice.**

You must **also** read this book.

He is filling his car's gas **tank.**

Both of them are dead.

The English Channel lies between the **North** Sea and the Atlantic.

Our house faces the **south.**

➡ 그는 젊어 보인다.

➡ 우리는 어제 즐거운 시간을 보냈다.

➡ 나는 그가 다시 돌아오리라고는 거의 생각지 않았다.

➡ 그는 너보다 작다.

➡ 해변은 깨끗하고도 아름다웠다.

➡ 무지개는 많은 색깔을 갖고 있다.

➡ 가을에는 사과가 풍족하다.

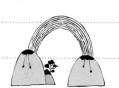

➡ 사람은 이마에서 땀 흘려 일해 살아야 한다.

➡ 야윈 소녀가 저기 서 있다.

➡ 너는 좀 더 조심할 필요가 있다.

➡ 나의 누나는 검은 머리와 검은 눈을 가지고 있다.

➡ 맑은 날에 하늘은 파랗다.

➡ 눈은 겨울에 하늘에서 내린다.

➡ 요리사는 음식을 접시에 담았다.

➡ 그들은 밥을 먹기 위해 젓가락을 사용한다.

➡ 너는 이 책도 읽어야 한다.

➡ 그는 자동차 연료 탱크에 급유하고 있다.

➡ 그들은 둘 다 죽었다.

➡ 영국 해협은 북해와 대서양 사이에 있다.

➡ 우리집은 남향이다.

28일째 　단어를 3번씩 큰소리로 읽으면서 체크하세요.

0541 **letter**
[létər] 명 편지

0542 **shop**
[ʃap] 명 가게

0543 **large**
[laːrdʒ] 형 큰, 넓은

0544 **food**
[fuːd] 명 음식

0545 **mean**
[miːn] 동 ~을 뜻하다

0546 **ship**
[ʃip] 명 (큰) 배

0547 **meal**
[miːl] 명 식사

0548 **soon**
[suːn] 부 곧, 얼마 안 가서

0549 **tidy**
[táidi] 형 단정한 동 정돈하다

0550 **pretty**
[príti] 형 예쁜, 귀여운

0551 **glass**
[glæs] 명 유리; 유리잔

0552 **part**
[paːrt] 명 부분

0553 **put**
[put] 동 놓다

0554 **pick**
[pik] 동 따다; 뽑다

0555 **fool**
[fuːl] 명 바보

0556 **test**
[test] 명 테스트, 시험

0557 **fail**
[feil] 동 실패하다

0558 **jump**
[dʒʌmp] 동 뛰다, 뛰어오르다

0559 **bear**
[bɛər] 명 곰

0560 **story**
[stɔ́ːri] 명 이야기

120

mail a _____
편지를 부치다

a _____ of water
물 한 잔

a gift _____
선물가게

a _____ of the apple pie
애플파이의 한 부분

a _____ house
큰 집

_____ a box on the desk
상자를 책상 위에 놓다

delicious _____
맛있는 음식

_____ flowers
꽃을 꺾다

_____ nothing
아무 의미도 없다

a big _____
심한 바보

sail on a _____
배로 항해하다

a driving _____
운전 시험

a delicious _____
맛있는 식사

_____ an exam
시험에 실패하다

finish the homework _____
일찍 숙제를 끝내다

_____ into the sea
바다 속으로 뛰어들다

_____ up a room
방을 정돈하다

a brown _____
불곰

a _____ doll
예쁜 인형

tell a _____
이야기를 하다

121

Sumi wrote a **letter**.

I have a small flower **shop**.

He had **large** black eyes.

Rice, meat and vegetables are different kinds of **food**.

What do you **mean** by this word?

We went to America by **ship**.

She made me a **meal**.

He will be back home **soon**.

I like **tidy** dresses.

Mother made me a **pretty** dress.

The window is made of **glass**.

Mary cut the cake into four **parts**.

Did you **put** the book on the table?

They **picked** all the apples.

He must be a **fool** to do such a thing.

He passed the math **test**.

He **failed** the entrance examination.

The dog **jumped** over the fence.

The **bear** likes honey.

He told me an interesting **story**.

➡ 수미는 편지를 썼다.

➡ 나는 조그만 꽃 가게를 하나 가지고 있다.

➡ 그는 크고 검은 눈을 갖고 있었다.

➡ 밥, 고기, 야채는 다른 종류의 음식이다.

➡ 이 말은 무슨 뜻입니까?

➡ 우리는 배를 타고 미국에 갔다.

➡ 그녀가 식사를 차려주었다.

➡ 그는 곧 집에 돌아올 것이다.

➡ 나는 깔끔한 드레스를 좋아한다.

➡ 어머니께서는 나에게 예쁜 드레스를 만들어 주셨다.

➡ 그 창문은 유리로 만들어졌다.

➡ 메리는 케이크를 네 부분으로 잘랐다.

➡ 네가 탁자 위에 책을 놓았니?

➡ 그들이 모든 사과를 땄다.

➡ 그런 짓을 하다니 그는 바보임에 틀림없다.

➡ 그는 수학 시험에 합격했다.

➡ 그는 입학시험에 떨어졌다.

➡ 그 개는 담을 뛰어넘었다.

➡ 곰은 꿀을 좋아한다.

➡ 그는 내게 재미있는 이야기를 해주었다.

123

0561 beef [bi:f] 명 쇠고기	**0571 real** [ríːəl] 형 실제의, 진짜의
0562 pork [pɔːrk] 명 돼지고기	**0572 bat** [bæt] 명 방망이, 배트
0563 ruler [rúːlər] 명 잣대; 통치자	**0573 sail** [seil] 동 항해하다
0564 hobby [hábi] 명 취미	**0574 flat** [flæt] 형 평평한
0565 keep [ki:p] 동 지니다, 보관하다; 지키다	**0575 fall** [fɔːl] 동 떨어지다; (비 등이) 내리다
0566 port [pɔːrt] 명 항구	**0576 full** [ful] 형 가득한
0567 rock [rak] 명 바위	**0577 ad** [æd] 명 광고
0568 send [send] 동 보내다	**0578 right** [rait] 형 오른쪽의 부 오른쪽으로
0569 rule [ruːl] 명 규칙	**0579 add** [æd] 동 더하다, 보태다
0570 dead [ded] 형 죽은	**0580 data** [déitə] 명 자료, 데이터

빈칸에 알맞는 단어를 쓰면서 외우세요.

Minimal Phrases

cook _____
쇠고기를 요리하다

a _____ jewel
진짜 보석

roast _____
돼지고기 구이

a baseball _____
야구 방망이

a powerful _____
강력한 통치자

_____ the Pacific Ocean
태평양을 항해하다

an expensive _____
돈이 많이 드는 취미

a _____ board
평평한 판자

_____ a diary every day
매일 일기를 쓰다

_____ to the ground
땅에 떨어지다

leave _____
출항하다

a _____ bus
만원 버스

a big _____
큰 바위

an _____ agency
광고 대행사

_____ him a card
그에게 카드를 보내다

turn _____
오른쪽으로 돌다

break a _____
규칙을 어기다

_____ some water
물을 약간 더하다

a _____ bird
죽은 새

scientific _____
과학적 자료

125

She bought some bread and **beef** at the store.

Pork is meat from pigs.

A **ruler** is a person who governs.

What is your **hobby**?

He **kept** his promise.

The ship has entered **port** at Busan.

I sat down on a **rock**.

I shall **send** her some money.

He broke the **rule**.

The fish in the bottle was **dead**.

This is a **real** diamond.

I have a **bat** in my right hand.

They **sailed** across the Atlantic Ocean.

People believed the earth was **flat**.

Snow is **falling** down from the sky.

The cave was **full** of mystery.

I want the **ad** to be 5 inches by 3 columns.

Raise your **right** hand.

If you **add** 2 to 8, you get 10.

He has collected the **data** for his report.

➡ 그녀는 가게에서 약간의 빵과 쇠고기를 샀다.

➡ 포크는 돼지고기이다.

➡ 통치자는 통치를 하는 사람을 말한다.

➡ 당신의 취미는 무엇입니까?

➡ 그는 약속을 지켰다.

➡ 배가 부산에 입항했다.

➡ 나는 바위에 앉았다.

➡ 나는 그녀에게 약간의 돈을 보낼 것이다.

➡ 그는 규칙을 어겼다.

➡ 병 안에 든 물고기는 죽었다.

➡ 이것은 진짜 다이아몬드이다.

➡ 나는 오른손에 배트를 가지고 있다.

➡ 그들은 배를 타고 대서양을 건넜다.

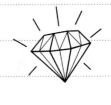

➡ 사람들은 지구가 평평하다고 믿었다.

➡ 하늘에서 눈이 내리고 있다.

➡ 그 동굴은 신비감이 가득했다.

➡ 5인치 3단의 광고를 내고 싶다.

➡ 오른손을 들어라.

➡ 8에다 2를 더하면, 10이 된다.

➡ 그는 보고서를 위해 자료를 수집했다.

| 0581 | **novel**
[návəl] 명 소설 | 0591 | **list**
[list] 명 리스트, 명부 |

0581 ☐☐☐ **novel** [návəl] 명 소설

0582 ☐☐☐ **never** [névər] 부 결코 ~하지 않다

0583 ☐☐☐ **climb** [klaim] 동 오르다

0584 ☐☐☐ **other** [ʌ́ðər] 형 다른, 그밖의 대 다른 한쪽

0585 ☐☐☐ **band** [bænd] 명 끈; 악단, 밴드

0586 ☐☐☐ **daily** [déili] 형 매일의

0587 ☐☐☐ **stair** [stɛəːr] 명 (보통 stairs로) 계단

0588 ☐☐☐ **pour** [pɔːr] 동 따르다, 붓다

0589 ☐☐☐ **loud** [laud] 형 큰소리의

0590 ☐☐☐ **moon** [muːn] 명 달

0591 ☐☐☐ **list** [list] 명 리스트, 명부

0592 ☐☐☐ **tasty** [téisti] 형 맛좋은

0593 ☐☐☐ **salty** [sɔ́ːlti] 형 짠

0594 ☐☐☐ **idle** [áidl] 형 한가한; 게으른

0595 ☐☐☐ **hurry** [hə́ːri] 동 서두르다

0596 ☐☐☐ **spicy** [spáisi] 형 양념이 많은

0597 ☐☐☐ **shelf** [ʃelf] 명 선반

0598 ☐☐☐ **wrap** [ræp] 동 싸다, 두르다

0599 ☐☐☐ **puff** [pʌf] 명 훅 불기 동 훅훅 불다

0600 ☐☐☐ **yard** [jaːrd] 명 안마당, 뜰

read a _____
소설을 읽다

a ____ of members
회원 명부

_____ tell a lie
결코 거짓말을 하지 않다

_____ food
맛있는 음식

_____ a mountain
산을 오르다

a _____ taste
짠 맛

_____ people
다른 사람들

the ____ hours
한가한 시간

a school _____
학교 악단

_____ home
집에 서둘러 가다

the _____ newspaper
일간 신문

a _____ salad dressing
매콤한 샐러드 드레싱

go up the _____s
계단을 오르다

put a box on the _____
상자를 선반에 얹다

_____ water into a bucket
양동이에 물을 붓다

_____ the baby in a towel
아기를 타월로 감싸다

a ____ voice
큰소리

a _____ of smoke
훅하고 내뿜는 연기

a trip to the _____
달 여행

sweep the _____
마당을 쓸다

129

I am reading a fantasy **novel**.

I'll **never** give it up.

He has **climbed** the Alps.

This desk is mine and the **other** is my brother's.

The gift was tied with **bands**.

Here he used to live his **daily** life.

Please go down the **stairs**.

When you **pour** the hot tea, be careful!

He spoke to me in a **loud** voice.

A bright **moon** was coming up.

His name is on the **list** of the graduates.

The meal was very **tasty**.

Sea water is **salty**.

Her husband is an **idle** man.

Hurry up, or you will be late.

Do you like **spicy** food?

The **shelf** is too high.

She **wrapped** the box carefully.

A **puff** of wind moved the branches.

He is working in the **yard**.

→ 난 판타지 소설을 읽고 있다.

→ 나는 그것을 결코 포기하지 않겠다.

→ 그는 알프스 산에 오른 적이 있다.

→ 이 책상은 내 것이고 다른 하나는 동생 것이다.

→ 그 선물은 끈으로 묶여 있었다.

→ 여기에서 그는 일상적인 삶을 살았었다.

→ 계단을 내려가세요.

→ 뜨거운 차를 부을 때는 조심하렴!

→ 그는 큰소리로 나에게 말했다.

→ 밝은 달이 떠오르고 있었다.

→ 그의 이름은 졸업생 명부에 올라 있다.

→ 식사는 아주 맛있었다.

→ 바닷물이 짭짤하다.

→ 그녀의 남편은 게으른 사람이다.

→ 서둘러라, 그렇지 않으면 늦을 것이다.

→ 당신은 매콤한 음식을 좋아하세요?

→ 그 선반은 너무 높다.

→ 그녀는 상자를 조심스럽게 쌌다.

→ 한 줄기 바람이 훅 불자 가지들이 움직였다.

→ 그는 마당에서 일하고 있다.

0601 **fault**
[fɔːlt] 몡 결점, 결함; 잘못

0602 **host**
[houst] 몡 주인

0603 **recorder**
[rikɔ́ːrdər] 몡 기록담당원; 녹음기

0604 **camp**
[kæmp] 몡 야영, 캠프

0605 **obey**
[oubéi] 동 복종하다, (명령을) 준수하다

0606 **gas**
[gæs] 몡 가스; 휘발유

0607 **wine**
[wain] 몡 포도주

0608 **side**
[said] 몡 쪽, 측면

0609 **town**
[taun] 몡 읍, 소도시

0610 **treat**
[triːt] 동 대우하다; 치료하다

0611 **proud**
[praud] 혱 뽐내는, 자랑으로 여기는

0612 **pencil**
[pénsəl] 몡 연필

0613 **below**
[bilóu] 전 ~의 아래에

0614 **circle**
[sə́ːrkl] 몡동 원(을 그리다)

0615 **cross**
[krɔːs] 동 가로지르다, 건너다

0616 **shine**
[ʃain] 동 비치다, 빛나다

0617 **order**
[ɔ́ːrdər] 몡동 명령(하다); 주문(하다)

0618 **pond**
[pand] 몡 연못

0619 **aisle**
[ail] 몡 통로; 복도

0620 **press**
[pres] 동 누르다; 다리다

빈칸에 알맞는 단어를 쓰면서 외우세요.

Minimal Phrases

a man of many ____s
결점이 많은 사람

be ____ of one's voice
목소리를 자랑으로 여기다

act as ____ at a party
파티에서 주인 노릇을 하다

write with a ____
연필로 쓰다

a tape ____
테이프 리코더

fall ____ zero
0도 이하로 떨어지다

a ski ____
스키 캠프

sit in a ____
빙 둘러 앉다

____ the laws of nature
자연의 법칙을 따르다

____ the street
길을 가로지르다[횡단하다]

light the ____
가스에 불을 붙이다

____ at night
밤에 빛나다

a bottle of ____
포도주 한 병

____ him to go out
그에게 나가라고 명령하다

one ____ of the road
길 한쪽

a ____ in the garden
정원의 연못

a small ____
작은 도시

an ____ seat
통로측의 좌석

____ as a child
어린애같이 다루다

____ a button
버튼을 누르다

133

It is easy for us to find **fault** with others.

He did better as a **host** than as a guest.

He is a **recorder**.

It was a really interesting **camp**.

We must **obey** the law.

Turn on the **gas**.

This store sells **wine**.

He sat on his father's right **side**.

There are two high schools in our **town**.

They **treated** me with a new drug.

She is **proud** of her son.

I drew a picture with a **pencil**.

Hang this picture **below** the other.

Some shapes like **circles** feel soft.

Be careful when you **cross** the street.

The sun is **shining** bright.

I **ordered** two cups of coffee.

They have a **pond** in the garden.

The woman is sitting in the **aisle**.

It's very hard to **press** this shirt.

➡ 남의 흠을 잡기는 쉽다.

➡ 그는 손님으로서보다는 주인노릇을 더 잘했다.

➡ 그는 기록담당원이다.

➡ 정말 재미있는 캠프였다.

➡ 우리들은 법을 따르지 않으면 안 된다.

➡ 가스 불을 켜라.

➡ 이 가게에서는 포도주를 판다.

➡ 그는 아버지의 오른쪽에 앉았다.

➡ 우리 읍에는 고등학교가 둘 있다.

➡ 그들은 나를 신약으로 치료했다.

➡ 그녀는 아들을 자랑으로 여긴다.

➡ 나는 연필로 그림을 그렸다.

➡ 이 그림을 다른 그림 아래 걸어라.

➡ 원과 같은 모양들은 부드럽게 느껴진다.

➡ 길을 건널 때는 조심해라.

➡ 해가 밝게 빛나고 있다.

➡ 나는 커피 두 잔을 주문했다.

➡ 그들은 정원에 연못을 갖고 있다.

➡ 여자가 복도에 앉아 있다.

➡ 이 셔츠 다리기는 정말 힘들다.

0621 **crazy**
[kréizi] 형 미친

0622 **edge**
[edʒ] 명 (칼 등의) 날; 가장자리

0623 **sailor**
[séilər] 명 선원, 뱃사람

0624 **Asia**
[éiʒə] 명 아시아

0625 **paint**
[peint] 동 칠하다; 그리다

0626 **fresh**
[freʃ] 형 신선한

0627 **teach**
[tiːtʃ] 동 가르치다

0628 **finish**
[fíniʃ] 동 끝내다

0629 **twice**
[twais] 부 두 번; 두 배로

0630 **place**
[pleis] 명 장소, 곳

0631 **style**
[stail] 명 스타일; 양식

0632 **chair**
[tʃɛər] 명 의자

0633 **chalk**
[tʃɔːk] 명 분필

0634 **heavy**
[hévi] 형 무거운

0635 **teen**
[tiːn] 명형 십대(의)

0636 **clear**
[kliər] 형 맑은

0637 **light**
[lait] 형 가벼운; 밝은

0638 **view**
[vjuː] 명 전망, 경치

0639 **loose**
[luːs] 형 헐렁한, 느슨한

0640 **neck**
[nek] 명 목

be _____ about baseball
야구에 **미치다**

the writing _____
문체

the _____ of the table
테이블의 **가장자리**

sit on a _____
의자에 앉다

become a _____
선원이 되다

a white _____
하얀 **분필**

the peoples of _____
아시아의 국민들

a _____ bag
무거운 가방

_____ a wall
벽을 **칠하다**

boys in their _____s
십대의 소년들

a _____ vegetable
신선한 야채

a _____ sky
맑은 하늘

_____ English
영어를 **가르치다**

a _____ box
가벼운 상자

_____ the work
일을 **끝내다**

a wonderful _____
멋진 **전망**

once or _____
한두 **번**

a _____ shirt
헐렁한 셔츠

a _____ of meeting
모이는 **장소**

a short _____
짧은 **목**

He acted as if he were **crazy**.

The **edge** of this knife is dull.

They became **sailors**.

Korea is one of the countries in **Asia**.

The boy **painted** his mother in a sofa.

The fruits are **fresh**.

Mr. Smith **teaches** English at our school.

The movie **finished** at 10.

I've been there **twice**.

We are looking for a good **place** to camp.

He often varies his hair **style**.

Sit down on the **chair**.

Our teacher writes with **chalk**.

The big table is very **heavy**.

Today's **teen** is tomorrow's adult.

The water in the pond is very **clear**.

It is not **light** in the winter even at six o'clock.

My room has a good **view**.

His coat is too **loose**.

The giraffe has a long **neck**.

➡ 그는 미친 사람처럼 행동했다.

➡ 이 칼날은 무디다.

➡ 그들은 뱃사람이 되었다.

➡ 한국은 아시아에 있는 국가 중 하나이다.

➡ 그 소년은 소파에 앉아계신 엄마를 그렸다.

➡ 그 과일들은 신선하다.

➡ 스미스 선생님은 우리 학교에서 영어를 가르치신다.

➡ 영화는 10시에 끝났다.

➡ 나는 그곳에 두 번 갔었다.

➡ 우리는 야영하기에 좋은 장소를 찾고 있다.

➡ 그는 머리 스타일을 자주 바꾼다.

➡ 의자에 앉아라.

➡ 우리 선생님은 분필로 글을 쓰신다.

➡ 그 큰 탁자는 매우 무겁다.

➡ 오늘의 십대는 내일의 성인이다.

➡ 연못의 물은 매우 맑다.

➡ 겨울에는 6시가 되어도 밝지 않다.

➡ 내 방은 전망이 좋다.

➡ 그의 코트는 너무 헐렁하다.

➡ 기린은 긴 목을 가지고 있다.

0641
boot
[buːt] 몡 장화, 부츠

0651
fume
[fjuːm] 몡 연기, 매연

0642
stocking
[stákiŋ] 몡 스타킹

0652
flood
[flʌd] 몡 홍수

0643
shorts
[ʃɔːrts] 몡 반바지

0653
rid
[rid] 됭 없애다

0644
suit
[suːt] 몡 정장, 양복

0654
bug
[bʌg] 몡 곤충

0645
glove
[glʌv] 몡 장갑

0655
worm
[wɔːrm] 몡 (꿈틀거리는) 벌레

0646
pack
[pæk] 몡 꾸러미 됭 꾸리다

0656
within
[wiðín] 젼 ~의 안에, ~이내에

0647
ever
[évər] 튄 전에, 이제까지

0657
headache
[hédèik] 몡 두통

0648
past
[pæst] 혱 지나간, 과거의

0658
sore
[sɔːr] 혱 아픈

0649
chat
[tʃæt] 몡됭 잡담(하다)

0659
hunt
[hʌnt] 몡됭 사냥(하다)

0650
spoil
[spɔil] 됭 망치다; 상하다

0660
lamp
[læmp] 몡 등, 램프

rubber _____s
고무장화

silk _____s
실크 **스타킹**

a pair of _____
반바지 한 벌

a new _____
새 **양복**

put on _____s
장갑을 끼다

_____ clothes
옷가지를 **꾸리다**

be as beautiful as _____
전과 다름없이 아름답다

_____ experience
과거 경험

have a _____
담소를 나누다

_____ eggs
계란을 **썩히다**

tobacco _____s
담배 **연기**

a _____ of questions
질문의 **홍수**

_____ the house of rats
집에서 쥐를 **제거하다**

a _____ collection
곤충 채집

birds looking for _____s
벌레를 찾는 새들

finish _____ a week
1주일 **안에** 끝내다

a slight _____
가벼운 **두통**

a _____ spot
아픈 곳

go on a _____
사냥하러 가다

turn on the _____
램프를 켜다

141

He is wearing **boots**.

My elder sister is wearing **stockings**.

Henry is wearing green **shorts**.

Father has a new **suit** on.

Who is the boy in **gloves**?

I **packed** my luggage.

He studied harder than **ever**.

They have been in Seoul for the **past** five years.

Let's **chat** over tea.

The heavy rain **spoiled** the crops.

Fumes from cars are toxic.

A **flood** killed many people.

You must get **rid** of bad habits.

He looked at a **bug**.

The early bird catches the **worm**.

He will be back **within** a week.

I have a bad **headache** today.

I have a cough and a **sore** throat.

They **hunted** foxes.

She turned on the **lamp** beside the bed.

⮕ 그는 장화를 신고 있다.

⮕ 누나는 스타킹을 신고 있다.

⮕ 헨리는 초록색 반바지를 입고 있다.

⮕ 아버지는 새로 맞춘 신사복을 입고 계신다.

⮕ 장갑을 끼고 있는 소년은 누구니?

⮕ 나는 짐을 꾸렸다.

⮕ 그는 전보다 더 열심히 공부했다.

⮕ 그들은 지난 5년간 서울에 있었다.

⮕ 차를 마시면서 이야기나 하자.

⮕ 큰 비가 농작물을 망쳐 버렸다.

⮕ 자동차 배기가스는 유독하다.

⮕ 홍수가 나서 많은 사람들이 죽었다.

⮕ 나쁜 습관을 버려야 한다.

⮕ 그는 벌레를 보았다.

⮕ 일찍 일어나는 새가 벌레를 잡는다.

⮕ 그는 1주일 이내에 돌아올 것이다.

⮕ 나는 오늘 두통이 심하다.

⮕ 나는 기침이 나고 목이 아프다.

⮕ 그들은 여우를 사냥했다.

⮕ 그녀는 침대 옆에 있는 램프를 켰다.

0661 **left**
[left] 휑 왼쪽의 빵 왼쪽으로

0662 **wing**
[wiŋ] 휑 날개

0663 **down**
[daun] 빵 아래로, 아래쪽으로

0664 **bank**
[bæŋk] 휑 은행

0665 **trash**
[træʃ] 휑 쓰레기, 휴지

0666 **shall**
[ʃæl] 죠 ~할 것이다; ~할까요?

0667 **enter**
[éntər] 동 들어가다

0668 **rainy**
[réini] 휑 비의, 비가 오는

0669 **diary**
[dáiəri] 휑 일기(장)

0670 **still**
[stil] 빵 아직도, 여전히

0671 **match**
[mætʃ] 휑 성냥; 시합

0672 **leave**
[li:v] 동 떠나다

0673 **poem**
[póuim] 휑 (한 편의) 시

0674 **dull**
[dʌl] 휑 둔한; 지루한

0675 **coin**
[kɔin] 휑 주화, 동전

0676 **main**
[mein] 휑 으뜸가는, 주요한

0677 **grass**
[græs] 휑 풀, 잔디

0678 **sunny**
[sʌ́ni] 휑 햇빛의

0679 **garden**
[gá:rdn] 휑 정원

0680 **grade**
[greid] 휑 학년; 등급

my ___ hand
나의 **왼손**

a box of ____es
성냥갑

spread ____s
날개를 펴다

____ home
집을 **떠나다**

put a bag ____
가방을 **내려**놓다

write a ____
시를 쓰다

work at a ____
은행에서 일하다

have ___ senses
감각이 **둔하다**

throw away ____
쓰레기를 버리다

a ___ changer
동전 교환기

a man who ____ go unnamed
이름을 **댈** 필요가 없는 어떤 사람

a ____ event
주요 행사

____ the room
방으로 **들어가다**

cut ____
풀을 베다

a ____ day
비오는 날

a ____ room
햇볕이 잘 드는 방

keep a ____
일기를 쓰다

a beautiful roof ____
아름다운 옥상 **정원**

be ___ waiting for him
아직도 그를 기다리고 있다

the sixth ____
6**학년**

Lie on your **left** side.

Birds have **wings**.

The car is going **down** the hill.

You can save your money in the **bank**.

I put the garbage in the **trash** can.

I **shall** be fifteen years old next year.

We **entered** the house through the front door.

I met him on a **rainy** day.

She keeps a **diary**.

He is **still** asleep.

We won the **match**.

My father **leaves** home at seven every morning.

Shakespeare wrote many famous **poems**.

His story was **dull**.

I have some American **coins**.

This is the **main** street of this town.

The field is covered with **grass**.

It is a **sunny** day.

She grows flowers in the **garden**.

They are in the seventh **grade**.

➡ 왼쪽으로 돌아누우세요.

➡ 새들은 날개를 가지고 있다.

➡ 그 차는 언덕을 내려가고 있다.

➡ 너는 은행에 네 돈을 저금할 수 있다.

➡ 나는 쓰레기를 휴지통에 버렸다.

➡ 나는 내년에 15살이 될 것이다.

➡ 우리는 정문을 통해 그 집에 들어갔다.

➡ 나는 그를 어느 비가 오는 날에 만났다.

➡ 그녀는 일기를 쓴다.

➡ 그는 아직도 자고 있다.

➡ 우리는 그 시합에 이겼다.

➡ 나의 아버지께서는 매일 아침 7시에 집을 떠나신다.

➡ 셰익스피어는 유명한 시를 많이 썼다.

➡ 그의 이야기는 재미없었다.

➡ 나는 미국 동전을 몇 개 가지고 있다.

➡ 이곳이 이 도시의 번화가이다.

➡ 들판은 풀로 덮여 있다.

➡ 오늘은 화창한 날이다.

➡ 그녀는 정원에 꽃을 가꾸고 있다.

➡ 그들은 7학년생[중학 1학년생]이다.

0681 **final**
[fáinəl] 형 마지막의

0682 **close**
[klous] 형 가까운; 친근한

0683 **world**
[wɔːrld] 명 세계

0684 **event**
[ivént] 명 사건; 행사

0685 **seat**
[siːt] 명 자리, 좌석

0686 **block**
[blak] 명 덩어리; 블록

0687 **miner**
[máinər] 명 광부

0688 **minor**
[máinər] 형 소수의; 중요치 않은

0689 **actor**
[ǽktər] 명 (남자) 배우

0690 **push**
[puʃ] 동 밀다

0691 **prize**
[praiz] 명 상, 상품

0692 **rope**
[roup] 명 줄, 로프

0693 **bulb**
[bʌlb] 명 전구

0694 **since**
[sins] 전 ~이래 접 ~한 지

0695 **boat**
[bout] 명 보트, 작은 배

0696 **score**
[skɔːr] 명 득점; 점수

0697 **smile**
[smail] 동 미소 짓다

0698 **sound**
[saund] 명 소리

0699 **grand**
[grænd] 형 웅장한

0700 **nurse**
[nəːrs] 명 간호사

빈칸에 알맞는 단어를 쓰면서 외우세요.

the _____ round
(시합의) **최종**회[결승]

win the first _____
1등**상**을 받다

be _____ to the house
집에서 **가깝다**

cut the _____
줄을 끊다

the _____ of children
어린이의 **세계**

change a _____
전구를 갈다

a big _____
큰 **사건**[행사]

_____ last Sunday
지난 일요일 **이래**

take a _____
자리에 앉다

get in a _____
보트를 타다

walk two _____s
2**블록** 걷다

the average _____
평균**점**

hard-working _____s
성실한 **광부들**

_____ at a baby
아이에게 **미소 짓다**

a _____ party
소수당

a big _____
큰 **소리**

a film _____
영화**배우**

a _____ mountain
웅장한 산

_____ at the back
뒤에서 **밀다**

a male _____
남자 **간호사**

149

He is the **final** victor.

He is a **close** friend of mine.

This is a map of the **world**.

The Olympics are a great **event**.

Go back to your **seat**.

It's two **blocks** from here.

My father was a coal **miner**.

It's only a **minor** problem.

My favorite **actor** appears in the movie.

He **pushed** me suddenly.

He gave me a clock as a **prize**.

I tied up my package with a **rope**.

The light **bulb** went out.

We have been busy **since** last Sunday.

We took a **boat** on the lake.

The **score** is 10 to 7.

She is always **smiling**.

The **sound** of music made me happy.

They are **grand** and even beautiful.

The doctor and the **nurse** took care of him.

➡ 그는 최후의 승자다.

➡ 그는 나의 친한 친구이다.

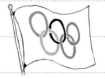

➡ 이것이 세계 지도이다.

➡ 올림픽은 큰 행사이다.

➡ 당신 자리로 돌아가시오.

➡ 여기서 두 블록을 가면 있다.

➡ 나의 아버지는 석탄을 캐는 광부였다.

➡ 그것은 단지 사소한 문제다.

➡ 내가 가장 좋아하는 배우가 그 영화에 출연한다.

➡ 그는 갑자기 나를 밀었다.

➡ 그는 나에게 상으로 시계를 주었다.

➡ 나는 짐을 줄로 묶었다.

➡ 전구가 불이 안 들어온다.

➡ 우리는 지난 일요일 이래로 계속 바빴다.

➡ 우리들은 호수에서 보트를 탔다.

➡ 점수는 10대 7이다.

➡ 그녀는 항상 미소를 짓고 있다.

➡ 음악 소리가 나를 기쁘게 했다.

➡ 그것들은 웅장하고 아름답기까지 하다.

➡ 그 의사와 간호사는 그를 돌보았다.

0701 **dance**
[dæns] 동 춤추다

0702 **music**
[mjú:zik] 명 음악

0703 **paper**
[péipər] 명 종이

0704 **speak**
[spi:k] 동 말하다

0705 **drink**
[driŋk] 동 마시다

0706 **wait**
[weit] 동 기다리다

0707 **raise**
[reiz] 동 올리다

0708 **solve**
[salv] 동 풀다, 해결하다

0709 **listen**
[lísn] 동 듣다

0710 **school**
[sku:l] 명 학교

0711 **worry**
[wə́:ri] 동 걱정하다

0712 **which**
[witʃ] 의 어느 것

0713 **woman**
[wúmən] 명 여자

0714 **mother**
[mʌ́ðər] 명 어머니

0715 **student**
[st(j)ú:dənt] 명 (대학·고교의) 학생

0716 **flower**
[fláuər] 명 꽃

0717 **please**
[pli:z] 동 기쁘게 하다 감 제발, 부디

0718 **count**
[kaunt] 동 세다

0719 **movie**
[mú:vi] 명 영화

0720 **front**
[frʌnt] 명 정면, 전방

_____ to the music
음악에 맞춰 **춤추다**

_____ about him
그에 대해서 **걱정하다**

folk _____
민속 **음악**

_____ is ~?
어느 것이 ~이니?

a _____ cup
종이컵

a nice _____
멋진 **여자**

_____ clearly
분명히 **말하다**

instead of my _____
어머니 대신에

_____ a cup of coffee
커피를 한 잔 **마시다**

a bad _____
나쁜 **학생**

_____ for the bus
버스를 **기다리다**

a _____ garden
화원

_____ water from a well
우물에서 물을 길어 **올리다**

_____ the eye
눈을 **즐겁게 하다**

_____ a problem
문제를 **풀다**

_____ to ten
10까지 **세다**

_____ to the band playing
악대가 연주하는 것을 **듣다**

a _____ star
영화배우

a _____ on the hill
언덕 위에 **학교**

the _____ of a jacket
상의의 **앞부분**

153

They **danced** at the party.

I listen to **music** every evening.

He drew pictures on a piece of **paper**.

Can you **speak** English?

I want something to **drink**.

We'll **wait** until tomorrow.

Raise your right hand when you understand.

Nobody was able to **solve** the problem.

Mary likes to **listen** to music.

She went to **school** early in the morning.

Don't **worry**.

Which do you like better, apples or oranges?

Do you know the **woman**?

My **mother** likes flowers.

He is a **student** of this school.

A rose is a **flower**.

A cup of coffee, **please**.

This little girl can **count** from one to fifty.

The **movie** was very exciting.

There is a garden in **front** of the house.

→ 그들은 파티에서 춤을 추었다.

→ 나는 매일 저녁 음악을 듣는다.

→ 그는 종이 한 장에 그림을 그렸다.

→ 영어를 말할 줄 아니?

→ 뭐 좀 마실 것이 있으면 좋겠다.

→ 우리는 내일까지 기다릴 것이다.

→ 알면 오른손을 드세요.

→ 누구도 그 문제를 풀 수 없었다.

→ 메리는 음악 듣는 것을 좋아한다.

→ 그녀는 아침 일찍 학교에 갔다.

→ 걱정하지 마라.

→ 사과와 오렌지 중에서 어느 쪽을 더 좋아하십니까?

→ 그 여자를 아니?

→ 나의 어머니는 꽃을 좋아하신다.

→ 그는 이 학교의 학생이다.

→ 장미는 꽃이다.

→ 커피 한 잔 주세요.

→ 이 소녀는 1에서 50까지 셀 수 있다.

→ 그 영화는 매우 재미있었다.

→ 집 앞에 정원이 있다.

37 일째　단어를 3번씩 큰소리로 읽으면서 체크하세요.

0721 **again**

[əgén] 🖣 다시, 또

0722 **study**

[stʌ́di] 🏵🖣 공부(하다); 연구(하다)

0723 **usual**

[júːʒuəl] 🏵 평소의, 보통의

0724 **guide**

[gaid] 🖣 인도하다, 안내하다

0725 **neat**

[niːt] 🏵 산뜻한; 깔끔한

0726 **quick**

[kwik] 🏵 빠른, 급한

0727 **cheer**

[tʃiər] 🖣 기운을 돋우다, 기운을 내다

0728 **blind**

[blaind] 🏵 눈먼

0729 **artist**

[áːrtist] 🏵 예술가, 화가

0730 **shore**

[ʃɔːr] 🏵 물가, 해안

0731 **strike**

[straik] 🖣 치다

0732 **sugar**

[ʃúgər] 🏵 설탕

0733 **plate**

[pleit] 🏵 접시

0734 **habit**

[hǽbit] 🏵 습관, 버릇

0735 **court**

[kɔːrt] 🏵 법정; (테니스 등의) 코트

0736 **cash**

[kæʃ] 🏵 현금

0737 **travel**

[trǽvəl] 🏵🖣 여행(하다)

0738 **merit**

[mérit] 🏵 장점

0739 **repair**

[ripéər] 🏵🖣 수선(하다),), 손질(하다)

0740 **entry**

[éntri] 🏵 들어감, 입장

156

watch _____
다시 보다

_____ a child
아이를 **때리다**

_____ for an exam
시험 **공부를 하다**

a _____ cube
각**설**탕

at the _____ time
평소 시간에

a round _____
둥근 **접시**

_____ to his house
그의 집으로 **안내하다**

break a bad _____
나쁜 **습관**을 버리다

a _____ room
깨끗이 정돈된 방

a tennis _____
테니스 **코트**

a _____ movement
빠른 동작

pay in _____
현금으로 지불하다

_____ my team
우리 팀을 **응원하다**

_____ the world
세계를 **여행하다**

a _____ man
눈먼 남자

_____ s and demerits
장점과 단점

a world-famous _____
세계적으로 유명한 **화가**

_____ a motor
모터를 **수리하다**

reach a _____
해변에 도착하다

an _____ visa
입국 비자

157

Inho knocked on the door **again**.

He is **studying** Korean history.

This is the **usual** place we meet.

His dog will **guide** you to his house.

The living room is **neat** and tidy.

He is **quick** to understand.

I **cheered** our team.

After her illness she became **blind**.

An **artist** draws pictures well.

People are sitting by the **shore**.

Tom **struck** the ball with the bat.

Pass me the **sugar**, please.

He looked at the food on his **plate**.

It is a good **habit** to get up early.

He'll appear in **court** today.

I have no **cash** at hand.

She has returned from her **travels**.

His chief **merit** is kindness.

They are **repairing** the roof now.

No **entry**.

➡ 인호는 다시 문을 두드렸다.

➡ 그는 한국 역사를 연구하고 있다.

➡ 이곳이 평소 우리들이 만나는 장소이다.

➡ 그의 개는 당신을 그의 집으로 안내할 것이다.

➡ 거실은 깨끗하게 정돈돼 있다.

➡ 그는 이해가 빠르다.

➡ 나는 우리 팀을 응원했다.

➡ 병을 앓고 난 후 그녀는 장님이 되었다.

➡ 화가는 그림을 잘 그린다.

➡ 사람들이 바닷가에 앉아 있다.

➡ 톰은 배트로 공을 쳤다.

➡ 설탕 좀 건네주세요.

➡ 그는 그의 접시에 있는 음식을 보았다.

➡ 일찍 일어나는 것은 좋은 습관이다.

➡ 그는 오늘 법정에 출두할 것이다.

➡ 나는 수중에 현금이 없다.

➡ 그녀는 여행에서 돌아왔다.

➡ 그의 주된 장점은 친절이다.

➡ 그들은 지금 지붕을 고치고 있다.

➡ 출입 금지.

38 일째   단어를 3번씩 큰소리로 읽으면서 체크하세요.

0741 **rapid** [rǽpid] 형 빠른	0751 **funny** [fʌ́ni] 형 우스운, 재미있는
0742 **level** [lévəl] 명 레벨 형 평평한	0752 **runny** [rʌ́ni] 형 분비물이 흐르는
0743 **slave** [sleiv] 명 노예	0753 **serve** [səːrv] 동 섬기다; 근무하다
0744 **voice** [vɔis] 명 목소리	0754 **waste** [weist] 동 낭비하다, 소비하다
0745 **reach** [riːtʃ] 동 도착하다; 내밀다	0755 **shake** [ʃeik] 동 흔들다
0746 **scene** [siːn] 명 장면	0756 **brush** [brʌʃ] 명 붓 동 솔질하다
0747 **scare** [skɛər] 동 놀라게 하다	0757 **series** [síəriːz] 명 일련, 시리즈
0748 **sheet** [ʃiːt] 명 시트; (종이 등) 한 장	0758 **baker** [béikər] 명 빵 굽는 사람, 제빵업자
0749 **eager** [íːgər] 형 열망하는; 열심인	0759 **tower** [táuər] 명 탑, 타워
0750 **leader** [líːdər] 명 지도자, 리더	0760 **shoot** [ʃuːt] 동 쏘다

160

_____ growth
빠른 성장

a_____ story
우스운 이야기

a _____ road
평탄한 도로

a _____ nose
콧물이 **흐르는** 코

a story about American
_____ s 미국 **노예**에 관한 이야기

_____ at a table
식사 **시중을 들다**

a lovely _____
사랑스런 **목소리**

_____ time
시간을 **허비하다**

_____ Seoul Station
서울역에 **도착하다**

_____ a bottle
병을 **흔들다**

a beautiful _____
아름다운 **경치**

paint with a _____
붓으로 페인트를 칠하다

_____ easily
겁이 많다

a _____ of victories
연승

a _____ of paper
종이 한 **장**

a good _____
솜씨가 좋은 **제빵업자**

an _____ student
열심히 공부하는 학생

a tall _____
높은 **탑**

the _____ of the group
그룹의 **리더**[지도자]

_____ a gun
총을 **쏘다**

He is a **rapid** speaker.

The **level** of our lessons is rather high.

The **slave** was set loose.

She sings in a sweet **voice**.

He **reached** out his hand for the ball.

The star came on the **scene**.

You **scared** me.

She changed the **sheets** on the bed.

I am **eager** to meet him and talk to him.

He is the **leader** of the party.

This is a **funny** story.

He has a **runny** nose.

He **served** his master for many years.

You had better not **waste** your money on foolish things.

If you **shake** the tree, the fruits will fall.

I **brush** my teeth three times a day.

He wrote a **series** of historical facts.

The **baker** works late.

Have you ever visited the Seoul **tower**?

The hunter **shot** at the hare with his gun.

➡ 그는 말을 빨리 한다.

➡ 우리들의 수업 수준은 약간 높은 편이다.

➡ 노예가 해방되었다.

➡ 그녀는 아름다운 목소리로 노래한다.

➡ 그는 그 공을 잡으려고 손을 쭉 뻗었다.

➡ 그 배우가 그 장면에 나왔다.

➡ 너 때문에 놀랐잖아.

➡ 그녀는 침대의 시트를 갈았다.

➡ 나는 그를 만나고 대화하기를 간절히 원한다.

➡ 그는 그 정당의 지도자이다.

➡ 이것은 재미있는 이야기이다.

➡ 그는 코에서 콧물이 나오고 있다.

➡ 그는 오랫동안 주인을 섬겼다.

➡ 어리석은 일에 돈을 낭비하지 않는 것이 좋다.

➡ 네가 나무를 흔들면 과일이 떨어질 것이다.

➡ 나는 하루에 세 번 이를 닦는다.

➡ 그는 일련의 역사적 사실에 대해 글을 썼다.

➡ 그 빵장수는 늦게까지 일한다.

➡ 서울타워에 가 본 적 있니?

➡ 사냥꾼은 총으로 산토끼를 쏘았다.

0761 **steam** [sti:m] 명 증기	0771 **pouch** [pautʃ] 명 (작은) 주머니
0762 **favor** [féivər] 명 호의	0772 **flight** [flait] 명 비행; (비행기) 편
0763 **effort** [éfərt] 명 노력	0773 **local** [lóukəl] 형 지방의, 그 지역의
0764 **power** [páuər] 명 힘	0774 **delay** [diléi] 동 미루다 명 지연
0765 **person** [pə́:rsn] 명 사람	0775 **cheat** [tʃi:t] 동 속이다
0766 **guess** [ges] 동 추측하다, 짐작하다	0776 **carton** [ká:rtən] 명 상자, 포장 용기
0767 **guest** [gest] 명 (초대받은) 손님	0777 **horror** [hɔ́:rər] 명형 공포(의)
0768 **argue** [á:rgju:] 동 논하다; 주장하다	0778 **blood** [blʌd] 명 피
0769 **worth** [wə:rθ] 형 ~의 가치가 있는	0779 **unify** [júːnəfài] 동 통일[통합]하다
0770 **bridge** [bridʒ] 명 다리	0780 **arrive** [əráiv] 동 도착하다

_____ heating
증기난방

a key _____
열쇠 **주머니**

acknowledge a _____
호의에 감사하다

a _____ to Los Angeles
LA행 **비행기**

spare no _____ s
노력을 아끼지 않다

a _____ custom
지방의 관습

strong _____
강한 **힘**

an unexpected _____
예기치 않은 **연기**

a nice _____
좋은 **사람**

_____ on an examination
커닝을 하다

_____ her age
그녀의 나이를 **추측하다**

a _____ of chocolates
초콜릿 한 **상자**

host and _____
주인과 **손님**

a _____ movie
공포 영화

_____ logically
논리적으로 **주장을 펴다**

red _____
붉은 **피**

be _____ two dollars
2달러의 **가치가 있다**

_____ the country
나라를 **통일하다**

go across a _____
다리를 건너다

_____ at a village
마을에 **도착하다**

165

J. Watt invented the **steam** engine.

He was in **favor** of pets.

This way will save a lot of time and **effort**.

They lost the **power** to walk.

He is a bad **person**.

I **guess** she is eight years old.

I was his **guest** for a month.

I **argue** with my brother all the time.

It was **worth** while to read the book.

They built a **bridge** across the river.

The **pouch** was made by mom.

They made a long **flight**.

The children go to the **local** school.

He is anxious about her **delay**.

He was **cheated** into buying a fake.

The **carton** has been opened.

The officer is writing a **horror** story.

Have you ever given **blood**?

North Korea and South Korea will be **unified** in the future.

They **arrived** late.

➡ 와트는 증기 기관을 발명했다.

➡ 그는 애완동물에 호의적이었다.

➡ 이 방법이 많은 시간과 노력을 덜어 줄 것이다.

➡ 그들은 걸을 힘을 잃었다.

➡ 그는 나쁜 사람이다.

➡ 나는 그녀가 8살이라고 추측한다.

➡ 나는 한 달 동안 그의 집에 손님으로 있었다.

➡ 나는 항상 형과 논쟁을 한다.

➡ 그 책은 읽을 가치가 있는 책이었다.

➡ 그들은 강에 다리를 놓았다.

➡ 그 주머니는 엄마가 만들었다.

➡ 그들은 장거리 비행을 했다.

➡ 어린이들은 그 지역 학교에 다닌다.

➡ 그는 그녀가 늦어서 걱정하고 있다.

➡ 그는 가짜를 속아 샀다.

➡ 상자가 개봉되어 있다.

➡ 경찰관이 공포 소설을 쓰고 있다.

➡ 너 헌혈 해봤니?

➡ 남북한은 미래에 통일될 것이다.

➡ 그들은 늦게 도착했다.

0781 **honor** [ánər] 명 명예	0791 **hang** [hæŋ] 동 걸다; 걸려 있다
0782 **comic** [kámik] 형 희극의; 만화의	0792 **alike** [əláik] 부 마찬가지로 형 서로 같은
0783 **angry** [æŋgri] 형 성난, 화가 난	0793 **wake** [weik] 동 잠이 깨다; 깨우다
0784 **sleepy** [slíːpi] 형 졸리는, 졸리는 듯한	0794 **chew** [tʃuː] 동 씹다
0785 **check** [tʃek] 명 수표 동 점검하다, 체크하다	0795 **adult** [ədʌ́lt] 명 어른, 성인 형 어른의
0786 **board** [bɔːrd] 명 판자, 게시판	0796 **route** [ruːt] 명 길
0787 **street** [striːt] 명 거리	0797 **junior** [dʒúːnjər] 형 손아래의 명 손아랫사람
0788 **fare** [fɛər] 명 (탈것의) 요금, 운임	0798 **library** [láibrèri] 명 도서관
0789 **round** [raund] 형 둥근	0799 **bread** [bred] 명 빵
0790 **reply** [riplái] 동 대답하다	0800 **piece** [piːs] 명 조각

value _____
명예를 중시하다

_____ a picture on the wall
벽에 그림을 **걸다**

a _____ book
만화책

treat all men _____
모든 사람을 **차별 없이** 대하다

be _____ with me
나에게 **화가 나 있다**

_____ up early in the morning 아침 일찍 잠에서 **깨다**

feel _____
졸음이 오다

_____ gum
껌을 **씹다**

cash a _____
수표를 현금으로 바꾸다

an _____ bear
다 자란 곰

a thin _____
얇은 **판자**

an air _____
항공**로**

march along the _____
시가행진을 하다

one's _____ in school
학교의 **후배**

a railroad _____
철도 **운임**

take a book from a _____
도서관에서 책을 빌리다

a _____ table
둥근 탁자

bake _____
빵을 굽다

_____ to a letter
편지에 **답장을 쓰다**

a _____ of bread
빵 한 **조각**

Put **honor** before wealth.

The **comic** book was very funny.

Mother was **angry** with me.

He looks very **sleepy**.

Check your bills.

We put a picture on the **board**.

They walked along the **street**.

The bus **fare** is 1,000 won a section.

The earth is **round**.

She **replied** to my letter.

Hang my coat on the hanger.

No two men think **alike**.

Wake me up at six, please.

He began to **chew** on the net.

An **adult** can get there in twenty minutes on foot.

We proceeded along the northerly **route**.

He is my **junior** by three years.

He goes to the **library** every day.

The beggar was begging for **bread**.

I need a **piece** of chalk.

➡ 재물보다 명예를 중시해라.

➡ 그 만화책이 매우 재미있었다.

➡ 어머니는 나에게 화가 나 있었다.

➡ 그는 대단히 졸린 듯하다.

➡ 계산서를 점검하십시오.

➡ 우리들은 게시판에 그림을 붙였다.

➡ 그들은 거리를 따라 걸었다.

➡ 버스 요금은 1구간에 1,000원이다.

➡ 지구는 둥글다.

➡ 그녀는 내 편지에 답장을 주었다.

➡ 옷걸이에 제 코트 좀 걸어 주세요.

➡ 두 사람의 생각이 같은 경우는 전혀 없다.

➡ 여섯 시에 깨워 주십시오.

➡ 그는 망을 물어뜯기 시작했다.

➡ 어른의 발걸음으로 거기까지 20분 걸린다.

➡ 우리는 북쪽 길을 따라 나아갔다.

➡ 그는 나보다 세 살 아래다.

➡ 그는 매일 도서관에 간다.

➡ 그 거지는 빵을 구걸하고 있었다.

➡ 나는 분필 한 조각이 필요하다.

41 일째 단어를 3번씩 큰소리로 읽으면서 체크하세요.

0801
grape
[greip] 몡 포도

0811
river
[rívər] 몡 강

0802
group
[gru:p] 몡 무리, 모임

0812
greenhouse
[grí:nhaus] 몡 온실

0803
cloud
[klaud] 몡 구름

0813
ghost
[goust] 몡 유령, 귀신

0804
couch
[kautʃ] 몡 소파

0814
ready
[rédi] 혱 준비가 된

0805
winter
[wíntər] 몡혱 겨울(의)

0815
burn
[bəːrn] 동 타다; 태우다

0806
under
[ʌ́ndər] 전 ~아래에, ~밑에

0816
truly
[trú:li] 閈 진실로

0807
horse
[hɔːrs] 몡 말

0817
trust
[trʌst] 동 신뢰하다, 믿다

0808
steak
[steik] 몡 스테이크

0818
skill
[skil] 몡 숙련, 능숙한 솜씨

0809
cheek
[tʃi:k] 몡 뺨, 볼

0819
drop
[drap] 동 떨어지다; 떨어뜨리다

0810
sleep
[sli:p] 동 자다

0820
swap
[swap] 몡동 교환(하다)

172

_____ juice

포도즙

swim across a _____

강을 헤엄쳐 건너다

a _____ tour

단체 여행

_____ effect

온실효과

a white _____

하얀 **구름**

the _____ of my dead father

죽은 아버지의 **유령**

a _____ potato

카우치 포테이토 <소파에 앉아 여가를 보내는 사람>

be _____ to go to school

학교에 갈 **준비가 되어 있다**

_____ clothing

겨울옷

_____ paper

종이를 **태우다**

a bench _____ the tree

나무 **아래의** 벤치

a _____ beautiful picture

참으로 아름다운 그림

ride a _____

말을 타다

_____ her story

그녀의 말을 **믿다**

grill a _____

스테이크를 굽다

_____ in baseball

야구 **실력**

rosy _____ s

발그레한 **볼**

_____ the price

값을 **내리다**

_____ well

잘 **자다**

_____ information

정보를 **교환하다**

173

Grapes are picked easily.

A **group** of children were playing in the garden.

We see a big **cloud** in the sky.

He slept on the **couch**.

It snows a lot in **winter**.

The box is **under** the table.

The sea **horse** is a very small marine animal.

How do you like your **steak**?

She kissed him on the **cheek**.

He **sleeps** eight hours every day.

This **river** is the longest in Korea.

The plants are growing in a **greenhouse**.

A **ghost** walks this house.

Are you **ready**?

The coal is **burning**.

He was a **truly** great politician.

I can't **trust** him.

John has great **skill** in baseball.

Apples **drop** to the ground.

We had a **swap** activity.

➡ 포도는 따기 쉽다.

➡ 한 무리의 어린이들이 뜰에서 놀고 있었다.

➡ 하늘에 커다란 구름이 있다.

➡ 그는 소파에서 잤다.

➡ 겨울에는 눈이 많이 온다.

➡ 상자는 탁자 밑에 있다.

➡ 해마는 아주 작은 바다 동물이다.

➡ 스테이크는 어떻게 해드릴까요?

➡ 그녀는 그의 뺨에 키스했다.

➡ 그는 매일 8시간 잔다.

➡ 이 강은 한국에서 가장 길다.

➡ 온실에서 식물들이 자라고 있다.

➡ 이 집에는 귀신이 나온다.

➡ 준비되었니?

➡ 석탄이 타고 있다.

➡ 그는 참으로 위대한 정치가였다.

➡ 나는 그를 신뢰할 수 없다.

➡ 존은 야구에 대단한 솜씨를 지녔다.

➡ 사과는 땅으로 떨어진다.

➡ 우리는 교환 행사를 했다.

42 일째   단어를 3번씩 큰소리로 읽으면서 체크하세요.

0821 **often** [ɔ́:fən] 뿐 자주	0831 **fever** [fíːvər] 몡 (병에 의한) 열
0822 **dream** [driːm] 몡 꿈	0832 **insert** [insə́ːrt] 통 끼워 넣다, 삽입하다
0823 **forest** [fɔ́ːrist] 몡 숲	0833 **behind** [biháind] 쩐 ~의 뒤에
0824 **begin** [bigín] 통 시작하다	0834 **beside** [bisáid] 쩐 ~의 옆에, 곁에
0825 **photo** [fóutou] 몡 사진	0835 **laugh** [læf/laːf] 통 (소리를 내어) 웃다
0826 **relax** [rilǽks] 통 쉬다, (긴장을) 풀다	0836 **whole** [houl] 혱 모든, 전체의
0827 **touch** [tʌtʃ] 통 손대다; 감동시키다 몡 접촉	0837 **shout** [ʃaut] 통 외치다, 큰소리로 부르다
0828 **noise** [nɔiz] 몡 시끄러운 소리	0838 **share** [ʃɛər] 통 나눠 갖다
0829 **allow** [əláu] 통 허락하다	0839 **catch** [kætʃ] 통 잡다; (병에) 걸리다
0830 **chain** [tʃein] 몡 사슬; 연쇄	0840 **east** [iːst] 몡혱 동쪽(의)

176

_____ come to see me
나를 **자주** 만나러 오다

have a high _____
열이 많다[높다]

a wonderful _____
멋진 **꿈**

_____ a coin
동전을 **넣다**

camp in a _____
숲에서 야영하다

hide _____ the door
문 **뒤에** 숨다

_____ a test
테스트를 **시작하다**

sit down _____ me
내 **곁에** 앉다

take her _____
그녀의 **사진**을 찍다

_____ heartily
실컷 **웃다**

_____ at home
집에서 **쉬다**

a _____ month
꼬박 한 달

a gentle _____
가벼운 **접촉**

_____ my name
내 이름을 **큰소리로 부르다**

a loud _____
큰 **소리[소음]**

_____ the candy
사탕을 **나눠 갖다**

_____ an hour for rest
휴식을 한 시간 **주다**

_____ a ball
공을 **잡다**

keep a dog on a _____
개를 **사슬**에 묶어 놓다

_____ of the city
도시의 **동쪽**에

177

He **often** visits us.

He awoke from a **dream**.

There are many birds in the **forest**.

School **begins** at nine o'clock.

I'll take a **photo** of you.

I tried to stay **relaxed**.

I was greatly **touched** by his story.

There's so much **noise** in here.

I **allowed** her to go.

He is a **chain** smoker.

I have a slight **fever**.

Please **insert** your card.

She is hiding **behind** the door.

Tom sat down **beside** me.

They **laughed** merrily.

I want to eat a **whole** cake.

They **shouted** with joy.

Tom **shared** the candy with his brother.

I have **caught** a cold.

Korea is in the Far **East**.

→ 그는 우리를 자주 방문한다.

→ 그는 꿈에서 깨었다.

→ 그 숲에는 많은 새들이 있다.

→ 학교는 9시에 시작한다.

→ 네 사진을 찍어 줄게.

→ 나는 긴장을 풀려고 노력했다.

→ 나는 그의 이야기를 듣고 크게 감동했다.

→ 여기는 너무 시끄럽다.

→ 나는 그녀를 가게 했다.

→ 그는 연거푸 담배를 피운다.

→ 나는 열이 조금 있다.

→ 카드를 넣으세요.

→ 그녀는 문 뒤에 숨어 있다.

→ 탐은 내 옆에 앉았다.

→ 그들은 즐겁게 웃었다.

→ 케이크를 통째로 다 먹고 싶다.

→ 그들은 기뻐서 소리를 질렀다.

→ 탐은 동생과 그 사탕을 나누어 가졌다.

→ 나는 감기에 걸렸다.

→ 한국은 극동 지역에 있다.

43일째 단어를 3번씩 큰소리로 읽으면서 체크하세요.

0841 **west**
[west] 명형 서쪽(의)

0842 **enjoy**
[indʒɔ́i] 동 즐기다, 좋아하다

0843 **shape**
[ʃeip] 명 꼴; 모양

0844 **doubt**
[daut] 명동 의심(하다)

0845 **spark**
[spaːrk] 명 불꽃 동 불꽃이 튀다

0846 **focus**
[fóukəs] 명 초점 동 집중하다

0847 **lunar**
[lúːnər] 형 달의

0848 **bitter**
[bítər] 형 쓴; 모진

0849 **agree**
[əgríː] 동 동의하다

0850 **brain**
[brein] 명 뇌

0851 **return**
[ritɔ́ːrn] 동 돌아오다; 돌려주다

0852 **empty**
[émpti] 형 빈

0853 **bottle**
[bátl] 명 병

0854 **corner**
[kɔ́ːrnər] 명 구석; 모퉁이

0855 **insect**
[ínsekt] 명 곤충, 벌레

0856 **honey**
[hʌ́ni] 명 (벌)꿀

0857 **slide**
[slaid] 동 미끄러지다

0858 **eraser**
[iréisər] 명 지우개

0859 **clothe**
[klouð] 동 의복을 걸치다[입다]

0860 **locker**
[lákər] 명 로커, 사물함

180

a _____ wind
서풍

_____ home
집에 **돌아가다**

_____ a game
게임을 **즐기다**

an _____ box
빈 상자

a round _____
둥근 **모양**

a _____ of milk
우유 한 **병**

clear up _____s
의심을 풀다

a building on the _____
모퉁이의 빌딩

the _____ of life
생명의 **불**

a small _____
작은 **곤충**

a change of _____
초점의 변화

a _____ jar
꿀단지

the _____ world
달나라

_____ on the ice
얼음 위에서 **미끄러지다**

a _____ taste
쓴 맛

a blackboard _____
칠판**지우개**

_____ to his plan
그의 계획에 **동의하다**

_____d in wool
모직 **옷을 입고 있는**

_____ cells
뇌세포

an individual _____
개인용 **로커**

181

My house faces **west**.

Tom **enjoys** watching television.

The **shape** of a ball is round.

I **doubt** whether he will succeed.

The fire is **sparking** dangerously.

Their questions **focused** on the problem.

That is a **lunar** rainbow.

It's a **bitter** pill.

Jill **agreed** to Jack's proposal.

The **brain** needs a continuous supply of blood.

She **returned** the book to the library.

We found an **empty** house.

There is an empty **bottle** in the kitchen.

I placed the chair in the **corner** of the room.

Ants and butterflies are **insects**.

Honey eases a cough.

He **slid** down the pole.

May I use your **eraser**?

She was warmly **clothed**.

This is not your **locker**.

➡ 내 집은 서향이다.

➡ 탐은 텔레비전 보는 것을 좋아한다.

➡ 공의 모양은 둥글다.

➡ 그가 성공할지 어떨지 의심스럽다.

➡ 그 불에서 위험하게 불똥이 튄다.

➡ 그들의 질문은 그 문제에 집중했다.

➡ 저것은 달 무지개이다.

➡ 이것은 쓴 알약이다.

➡ 질은 책의 제안에 동의했다.

➡ 두뇌는 계속적인 혈액 공급을 필요로 한다.

➡ 그녀는 그 책을 도서관에 반납했다.

➡ 우리는 빈 집을 발견했다.

➡ 부엌에는 빈 병이 있다.

➡ 나는 의자를 방의 구석에 놓았다.

➡ 개미와 나비는 곤충이다.

➡ 꿀은 기침에 좋다.

➡ 그는 기둥을 타고 미끄러져 내려갔다.

➡ 네 지우개를 써도 되니?

➡ 그녀는 따뜻하게 옷을 입고 있었다.

➡ 이건 네 로커가 아니다.

0861
closet
[klázit] 몡 옷장

0862
bring
[briŋ] 통 가져오다, 데려오다

0863
office
[ɔ́:fis] 몡 사무실; 직장

0864
inside
[ìnsáid] 뷔 안쪽에 전 ~의 안쪽에

0865
cheap
[tʃiːp] 혱 값싼

0866
candle
[kǽndl] 몡 양초

0867
queen
[kwiːn] 몡 여왕, 왕비

0868
detail
[díːteil] 몡 세부

0869
chant
[tʃænt] 몡 노래 통 부르다

0870
driver
[dráivər] 몡 운전사, 운전기사

0871
picture
[píktʃər] 몡 그림; 사진

0872
maybe
[méibi] 뷔 아마, 어쩌면

0873
family
[fǽməli] 몡 가족

0874
lesson
[lésn] 몡 교훈; 수업

0875
middle
[midl] 혱 한가운데, 중앙

0876
heart
[haːrt] 몡 심장, 마음

0877
mouth
[mauθ] 몡 입

0878
mouse
[maus] 몡 생쥐

0879
house
[haus] 몡 집

0880
along
[əlɔ́ːŋ] 전 ~을 따라서

184

a wall _____
벽장

draw a _____
그림을 그리다

_____ an umbrella
우산을 **가져오다**

_____ more
아마 그 이상

one's boss at the _____
직장 상사

a _____ of five
5인 **가족**

come _____
안으로 들어오다

a piano _____
피아노 **레슨**

a _____ dress
싼 옷

the _____ of the road
도로의 **중앙**

light a _____
초에 불을 붙이다

a kind _____
친절한 **마음씨**

a beautiful _____
아름다운 **여왕**

a pretty _____
예쁜 **입**

examine in _____
상세히 조사하다

a field _____
들**쥐**

_____ a spell
주문을 **외우다**

a large _____
넓은 **집**

a taxi _____
택시 **운전사**

walk _____ the street
길을 **따라** 걷다

185

Would you get my tie out of the **closet**?

Can I **bring** Tom with me?

They moved to a new **office**.

The ducks were put **inside** the fence.

Cheap cars are sold here.

She put ten **candles** on the birthday cake.

The wife of a king is called a **queen**.

The artist has painted everything in great **detail**.

The **chant** was a Gregorian chant.

The taxi **driver** was very kind to me.

We took **pictures** of animals.

Maybe it's in my drawer.

My **family** is going to Seoul.

We are taking **lessons** in English.

There is a large table in the **middle**.

She has a kind **heart**.

Open your **mouth** wide.

He has a pet **mouse**.

Jenny's **house** is very beautiful.

There are trees **along** this road.

➡ 넥타이를 옷장에서 꺼내 주겠어요?

➡ 탐을 데려와도 되겠니?

➡ 그들은 새 사무실로 이사했다.

➡ 오리가 울타리 안에 넣어졌다.

➡ 여기서 싼 차를 팔고 있다.

➡ 그녀는 생일 케이크 위에 열 개의 초를 꽂았다.

➡ 왕의 부인은 왕비라고 불린다.

➡ 화가는 아주 세밀하게 모든 것을 그렸다.

➡ 그 노래는 그레고리오 성가였다.

➡ 운전기사가 매우 친절했다.

➡ 우리는 동물들의 사진을 찍었다.

➡ 아마 내 서랍 안에 있을 거다.

➡ 우리 가족은 서울에 갈 것이다.

➡ 우리들은 영어로 수업을 받고 있다.

➡ 한가운데에 큰 탁자가 있다.

➡ 그녀는 친절한 마음씨를 가지고 있다.

➡ 입을 크게 벌려라.

➡ 그는 애완용 생쥐를 갖고 있다.

➡ 제니의 집은 매우 아름답다.

➡ 이 길을 따라 나무들이 있다.

45 일째   단어를 3번씩 큰소리로 읽으면서 체크하세요.

0881 silent [sáilənt] 톙 조용한	**0891 safety** [séifti] 톙 안전
0882 invite [inváit] 동 초대하다	**0892 action** [ǽkʃən] 톙 활동, 행동
0883 above [əbʌ́v] 전 ~의 위에	**0893 design** [dizáin] 톙 디자인, 도안
0884 review [rivjú:] 톙동 복습(하다)	**0894 digital** [dídʒitl] 톙 디지털의
0885 hatch [hætʃ] 동 부화하다	**0895 future** [fjú:tʃər] 톙 미래, 장래
0886 mayor [méiər] 톙 시장	**0896 decide** [disáid] 톙 결정하다
0887 worker [wə́ːrkər] 톙 일하는 사람, 노동자	**0897 whom** [hu:m] 의 누구를
0888 lovely [lʌ́vli] 톙 사랑스러운	**0898 report** [ripɔ́ːrt] 동 보고하다, 알리다
0889 waiter [wéitər] 톙 웨이터	**0899 floor** [flɔːr] 톙 마루, 바닥 ; (건물의) 층
0890 screen [skriːn] 톙 (영화) 스크린, (TV) 화면	**0900 knock** [nak] 동 두드리다, 노크하다; 치다

188

a _____ forest
조용한 숲

traffic _____
교통안전

_____ a person to one's house ~을 집에 초대하다

a kind _____
친절한 행동

fly _____ the clouds
구름 위를 날다

a _____ of roses
장미꽃 무늬의 도안

_____ the lessons
수업을 복습하다

go _____
디지털화되다

_____ an egg
달걀을 부화하다

a bright _____
찬란한 장래

run for _____ of Seoul
서울시장 선거에 출마하다

_____ what to do
무엇을 해야 할지 결정하다

a hard _____
부지런한 노동자

_____ are you waiting for?
누구를 기다리고 있습니까?

a _____ face
귀염성 있는 얼굴

_____ news
뉴스를 보도하다

shout for a _____
큰소리로 웨이터를 부르다

the lower _____
아래층

_____ editing
화면 편집

_____ on the door
문을 노크하다

189

You must keep **silent**.

She **invited** her friends to the party.

Birds are flying **above** the trees.

Before the examination we must have a **review**.

A hen **hatches** eggs.

The **mayor** took office last month.

The **workers** are resting now.

She is a **lovely** girl.

He tipped the **waiter**.

The **screen** is fuzzy.

Put on the helmet for **safety**.

The general put his idea into **action**.

Do you have any other **designs**?

Last week I bought a **digital** camera.

You have to do your best for the **future**.

He **decided** to become a teacher.

Whom did you visit yesterday?

The soldier **reported** on the accident.

The cat is on the **floor**.

He **knocked** the ball with a bat.

➡ 너희들은 잠자코 있어야 한다.

➡ 그녀는 친구들을 파티에 초대했다.

➡ 새들이 나무 위를 날고 있다.

➡ 시험 보기 전에 우리는 복습해야 한다.

➡ 암탉은 달걀을 부화한다.

➡ 시장은 지난달에 취임했다.

➡ 일꾼들은 지금 쉬고 있다.

➡ 그녀는 사랑스러운 소녀이다.

➡ 그는 웨이터에게 팁을 주었다.

➡ 화면이 흐려요.

➡ 안전을 위해 헬멧을 써라.

➡ 그 장군은 자신의 생각을 실행에 옮겼다.

➡ 다른 디자인이 있습니까?

➡ 지난 주 디지털 카메라를 하나 샀다.

➡ 너는 미래를 위해서 최선을 다해야 한다.

➡ 그는 교사가 되기로 결심했다.

➡ 당신은 어제 누구를 방문했습니까?

➡ 병사는 그 사고를 보고했다.

➡ 고양이가 마루 위에 있다.

➡ 그는 배트로 공을 쳤다.

| 0901 | **blank**
[blæŋk] 혱 백지의; 빈 | 0911 | **ticket**
[tíkit] 몡 표, 승차권 |

| 0902 | **excite**
[iksáit] 동 흥분시키다, 자극하다 | 0912 | **warm**
[wɔːrm] 혱 따뜻한 |

| 0903 | **owner**
[óunər] 몡 소유자, 임자 | 0913 | **elect**
[ilékt] 동 선거하다 |

| 0904 | **purse**
[pəːrs] 몡 (지폐를 넣는) 지갑 | 0914 | **bright**
[brait] 혱 빛나는; 영리한 |

| 0905 | **blanket**
[blǽŋkit] 몡 모포, 담요 | 0915 | **cause**
[kɔːz] 몡 원인, 이유 동 일으키다 |

| 0906 | **plane**
[plein] 몡 비행기 | 0916 | **hungry**
[hʌ́ŋgri] 혱 배고픈 |

| 0907 | **case**
[keis] 몡 상자, 케이스; 경우 | 0917 | **meat**
[miːt] 몡 고기 |

| 0908 | **riddle**
[ridl] 몡 수수께끼 | 0918 | **thirsty**
[θə́ːrsti] 혱 목마른 |

| 0909 | **judge**
[dʒʌdʒ] 동 판단하다; 재판하다 | 0919 | **merry**
[méri] 혱 즐거운, 유쾌한 |

| 0910 | **stale**
[steil] 혱 상한 | 0920 | **learn**
[ləːrn] 동 배우다, 익히다 |

a _____ tape
공 테이프

buy a one-way _____
편도 차표를 사다

an _____ing game
흥미진진한 경기

a _____ climate
온난한 기후

a house _____
집 주인

_____ a person as chairman
의장으로 선출하다

a change _____
동전 지갑

a _____ star
빛나는 별

an electric _____
전기담요

a probable _____
그럴듯한 이유

a passenger _____
여객기

be _____ all day
하루 종일 배고프다

in this _____
이 경우에는

cook _____
고기를 요리하다

answer a _____
수수께끼에 답하다

be _____ after running
달린 뒤 목이 마르다

be hard to _____
판단하기 어렵다

a _____ voice
즐거운 목소리

_____ bread
맛이 간 빵

_____ how to skate
스케이팅을 배우다

This is a **blank** page.

My social life is **exciting**.

You must restore lost property to its **owner**.

I keep my money in a **purse**.

I got up at 6 o'clock and folded up the **blankets**.

What time do we board the **plane**?

Grandpa put his glasses in a **case**.

He asked a very interesting **riddle**.

The court **judged** him guilty.

The popcorn is **stale**.

Where can I get a **ticket**?

It is **warm** today.

He was **elected** chairman of the committee.

She is a **bright** child.

The rain **caused** the river to overflow.

A baby cries when he is **hungry**.

I don't like **meat**.

Have you got any water? I'm very **thirsty**.

I wish you a **merry** Christmas!

We are **learning** English.

➡ 이 페이지는 백지다.

➡ 나의 사회생활은 흥미진진하다.

➡ 습득물은 주인에게 돌려주어야 한다.

➡ 나는 돈을 지갑에 넣어 둔다.

➡ 나는 여섯 시에 일어나서 이불을 갰다.

➡ 비행기 탑승은 몇 시에 시작합니까?

➡ 할아버지께서는 안경을 안경집에 넣으셨다.

➡ 그는 퍽 재미있는 수수께끼를 냈다.

➡ 법정은 그에게 유죄를 선고했다.

➡ 팝콘이 오래되어서 눅눅하다.

➡ 표를 어디서 구할 수 있습니까?

➡ 오늘은 날씨가 따뜻하다.

➡ 그는 위원회의 의장으로 선출되었다.

➡ 그녀는 영리한 아이이다.

➡ 비 때문에 강이 범람했다.

➡ 배가 고프면 아기는 운다.

➡ 나는 고기를 좋아하지 않는다.

➡ 물 좀 있니? 목이 몹시 마르다.

➡ 즐거운 크리스마스가 되길 바랍니다!

➡ 우리는 영어를 배우고 있다.

0921 **watch**
[watʃ] 뗑 시계 똉 보다, 지켜보다

0922 **away**
[əwéi] 뙤 떨어져서; 부재하여

0923 **o'clock**
[əklák] 뙤 ~시

0924 **stamp**
[stæmp] 뗑 우표

0925 **carry**
[kǽri] 똉 나르다, 가지고 가다

0926 **drive**
[draiv] 똉 운전하다

0927 **stone**
[stoun] 뗑 돌

0928 **spring**
[spriŋ] 뗑 봄 똉 튀어 오르다

0929 **alone**
[əlóun] 뙤 혼자서

0930 **title**
[táitl] 뗑 제목, 타이틀

0931 **doctor**
[dáktər] 뗑 의사

0932 **stupid**
[stjú:pid] 혱 어리석은, 멍청한

0933 **police**
[pəlí:s] 뗑 경찰

0934 **chicken**
[tʃíkin] 뗑 닭

0935 **dress**
[dres] 뗑 옷; 드레스

0936 **space**
[speis] 뗑 공간; 우주

0937 **simply**
[símpli] 뙤 간단히; 수수하게

0938 **secret**
[sí:krit] 뗑 비밀

0939 **grave**
[greiv] 뗑 무덤

0940 **afraid**
[əfréid] 혱 무서워하여

196

_____ TV
텔레비전을 **보다**

consult the _____
의사의 진찰을 받다

a ship far _____
멀리 **떨어진** 배

a _____ person
얼빠진 사람

the seven _____ train
7**시**발의 기차

a _____ station
경찰서

put a _____
우표를 붙이다

_____ breast
닭 가슴살

_____ a box
상자를 **나르다**

a white _____
흰색 **드레스**

_____ a car
자동차를 **운전하다**

open _____
탁 트인 **공간**

throw a _____
돌을 던지다

live _____
간소하게 살다

an early _____
초봄

keep a _____
비밀을 지키다

live _____
혼자서 살다

a _____ robber
도굴범

the _____ of the book
그 책의 **제목**

be very _____ of snakes
뱀을 몹시 **무서워하다**

197

I lost my **watch**.

He is **away** from home.

It is just ten **o'clock**.

I am collecting **stamps**.

I **carry** my books in my school bag.

He **drives** a car.

His house is made of **stone**.

Spring follows winter.

He came **alone**.

I can't remember the **title** of the film.

When I am sick, I see a **doctor**.

Don't make such a **stupid** mistake again.

Call the **police**.

We roasted a **chicken**.

This **dress** is new.

All the parking **spaces** are taken.

She was **simply** dressed.

He always keeps a **secret**.

You dug your own **grave**.

Don't be **afraid** of my dog.

➡ 나는 내 시계를 잃어버렸다.

➡ 그는 집에 없다.

➡ 정각 10시이다.

➡ 나는 우표를 수집하고 있다.

➡ 나는 책들을 책가방에 갖고 다닌다.

➡ 그는 운전한다.

➡ 그의 집은 돌로 만들어져 있다.

➡ 봄은 겨울 다음에 온다.

➡ 그는 혼자서 왔다.

➡ 나는 그 영화 제목을 기억하지 못한다.

➡ 나는 아플 때 의사에게 진찰을 받는다.

➡ 다시는 그런 어리석은 잘못을 저지르지 마라.

➡ 경찰을 불러.

➡ 우리는 닭을 구웠다.

➡ 이 옷은 새 것이다.

➡ 주차장이 꽉 찼군요.

➡ 그녀는 수수한 옷차림이었다.

➡ 그는 항상 비밀을 지킨다.

➡ 스스로 네 무덤을 판 거야.

➡ 내 개를 무서워하지 마라.

0941 paste
[peist] 명 풀; 반죽 동 풀칠하다

0942 relay
[ríːlei] 명 교체자, 교대

0943 matter
[mǽtər] 명 일; 문제

0944 island
[áilənd] 명 섬

0945 locate
[lóukeit] 동 자리잡다; 찾아내다

0946 expect
[ikspékt] 동 기대하다

0947 select
[silékt] 동 고르다; 뽑다

0948 invent
[invént] 동 발명하다

0949 bound
[baund] 형 묶인

0950 airline
[ɛ́ərlàin] 명 항공 회사

0951 depart
[dipáːrt] 동 출발하다

0952 asleep
[əslíːp] 형 잠자는, 자고 있는

0953 simple
[símpl] 형 간단한; 검소한

0954 policy
[páləsi] 명 정책, 방침

0955 gather
[ɡǽðər] 동 모으다; 수확하다

0956 nature
[néitʃər] 명 자연

0957 nation
[néiʃən] 명 국가

0958 millionaire
[míljənɛ̀ər] 명 백만장자, 큰 부자

0959 peace
[piːs] 명 평화

0960 pocket
[pákit] 명 주머니, 포켓

cut and _____
오려 **붙이다**

_____ **Korea for Washington**
한국을 **떠나** 워싱턴으로 향하다

work in _____s
교대제로 일하다

be _____ **in bed**
침대에서 **잠들다**

a little _____
사소한 **문제**

a very _____ **problem**
아주 **간단한** 문제

a small _____
작은 **섬**

a wise _____
현명한 **정책**

_____ **a house**
집을 **찾다**

_____ **evidence**
증거를 **모으다**

_____ **help**
도움을 **기대하다**

return to _____
자연으로 돌아가다

_____ **the best one**
가장 좋은 것을 **고르다**

build a _____
나라를 세우다

_____ **a new device**
새 장치를 **발명하다**

marry a _____
백만장자와 결혼하다

_____ **hands**
묶인 손

love _____
평화를 사랑하다

_____ **tickets**
항공권

a pants _____
바지 **주머니**

201

She mixed the flour and water to a **paste**.

He is a runner in a **relay** team.

This is an important **matter**.

Korea has many **islands**.

The office is centrally **located** in Paris.

We are **expecting** a white Christmas this year.

There are over thirty dishes to **select** from.

The light bulb was **invented** by Edison.

His hands were **bound** with rope.

He's an **airline** pilot.

The train **departed** the station.

He was **asleep** at that time.

He is living a **simple** life.

Honesty is the best **policy**.

The farmers **gathered** their crops.

We have to conserve **nature**.

How many **nations** are there in the world?

He is in fact a **millionaire**.

We want **peace**, not war.

I have some money in my **pocket**.

➡ 그녀는 밀가루와 물을 섞어 반죽을 만들었다.

➡ 그는 릴레이 팀의 계주 선수이다.

➡ 이것은 중요한 문제이다.

➡ 한국에는 섬이 많다.

➡ 사무실은 파리의 중심부에 있다.

➡ 올해 우리는 화이트 크리스마스를 기대하고 있다.

➡ 30종류 이상의 요리 가운데서 고를 수 있다.

➡ 전구는 에디슨에 의해 발명되었다.

➡ 그의 손은 밧줄로 묶여 있었다.

➡ 그는 항공기 조종사이다.

➡ 열차가 역을 출발했다.

➡ 그는 그때 잠자고 있었다.

➡ 그는 검소한 생활을 하고 있다.

➡ 정직이 최선의 방책이다. <속담>

➡ 농민들은 그들의 농작물을 거둬 들였다.

➡ 우리는 우리의 자연을 지켜야 한다.

➡ 세계에는 몇 개의 국가가 있습니까?

➡ 그는 사실 백만장자다.

➡ 우리들은 전쟁이 아니라 평화를 원한다.

➡ 나는 주머니에 약간의 돈이 있다.

0961 notice [nóutis] 동 알아차리다	**0971 singer** [síŋər] 명 가수
0962 failure [féiljər] 명 실패	**0972 regard** [rigá:rd] 명 관심 동 ~으로 여기다
0963 prison [prízn] 명 교도소, 감옥	**0973 ocean** [óuʃən] 명 대양; 바다
0964 lawyer [lɔ́:jər] 명 변호사	**0974 model** [mádl] 명 모형; 모델
0965 usage [júːsidʒ] 명 용법; 사용	**0975 gentle** [dʒéntl] 형 상냥한, 점잖은; 조용한
0966 rather [rǽðər] 부 오히려; 다소, 좀	**0976 double** [dʌ́bəl] 형 두 배의, 이중의, 갑절
0967 reuse [ri:júːz] 명 재사용 동 다시 이용하다	**0977 honest** [ánist] 형 정직한, 성실한
0968 affect [əfékt] 동 영향을 주다; 감동시키다	**0978 record** [rikɔ́:rd] 동 기록하다; 녹음[녹화]하다
0969 forget [fərgét] 동 잊다	**0979 hamburger** [hǽmbə̀:rgər] 명 햄버거
0970 health [helθ] 명 건강	**0980 dancer** [[dǽnsər] 명 댄서; 무용가

_____ a mistake
잘못을 **알아차리다**

a good _____
훌륭한 **가수**

a business _____
사업 **실패**

_____ show
관심을 보이다

put in _____
감옥에 넣다

a blue _____
파란 **바다**

consult a _____
변호사와 상의하다

a new _____
새로운 **모델**

common _____
일반적인 **용법**

a _____ heart
상냥한 마음

_____ warm
좀 따뜻하다

a _____ price
두 배의 값

_____ an old envelope
낡은 봉투를 **다시 사용하다**

an _____ boy
정직한 소년

_____ business
사업에 **영향이 미치다**

_____ a song on tape
노래를 테이프에 **녹음하다**

_____ a name
이름을 **잊어버리다**

grill a _____
햄버거를 굽다

keep my _____
건강을 유지하다

a folk _____
민속 **무용가**

205

I **noticed** a man sitting by me.

Success came after many **failures**.

The thief is in **prison** now.

His son wants to be a **lawyer**.

Grammar is based on **usage**.

I am a writer **rather** than a teacher.

These waste products are sent to special centers for **reuse**.

Earthquakes **affect** the weather.

I cannot **forget** it.

He is in good **health**.

The **singer** is hot these days.

I **regard** him as a fool.

We sailed the Indian **Ocean**.

He's always been my role **model**.

A **gentle** rain was falling.

This railroad has a **double** track.

They are **honest** students.

He **recorded** the movie.

I ate a **hamburger** for lunch at school.

He wanted to be a **dancer**.

➡ 나는 내 옆에 앉아 있는 사람을 알아차렸다.

➡ 성공은 많은 실패 뒤에 왔다.

➡ 그 도둑은 현재 교도소에 있다.

➡ 그의 아들은 변호사가 되고 싶어 한다.

➡ 문법은 관용 어법에 기초한다.

➡ 나는 선생님이라기보다는 작가이다.

➡ 이러한 폐품들은 재활용 전문 센터로 보내진다.

➡ 지진은 날씨에 영향을 미친다.

➡ 나는 그것을 잊을 수 없다.

➡ 그는 건강하다.

➡ 그 가수가 요즈음 인기가 좋다.

➡ 나는 그를 바보라고 생각한다.

➡ 우리들은 인도양을 항해하였다.

➡ 그는 언제나 내 본보기가 되었다.

➡ 조용한 비가 내리고 있었다.

➡ 이 철도선은 복선이다.

➡ 그들은 정직한 학생들이다.

➡ 그는 그 영화를 녹화했다.

➡ 나는 학교에서 점심으로 햄버거를 먹었다.

➡ 그는 댄서가 되고 싶어 했다.

50 일째　단어를 3번씩 큰소리로 읽으면서 체크하세요.

0981 **factory** [fǽktəri] 몡 공장	0991 **beauty** [bjúːti] 몡 아름다움; 미인
0982 **capital** [kǽpətl] 몡 수도	0992 **trouble** [trʌ́bl] 몡 어려움; 성가심, 폐
0983 **angel** [éindʒəl] 몡 천사	0993 **basket** [bǽskit] 몡 바구니
0984 **district** [dístrikt] 몡 지역	0994 **pianist** [piǽnist] 몡 피아니스트
0985 **terrific** [tərífik] 혱 굉장한; 훌륭한	0995 **pause** [pɔːz] 통 중단하다
0986 **enough** [inʌ́f] 혱 충분한 틧 충분히	0996 **repeat** [ripíːt] 통 되풀이하다, 반복하다
0987 **borrow** [baroú] 통 빌리다	0997 **supper** [sʌ́pər] 몡 저녁식사
0988 **tonight** [tənáit] 몡틧 오늘밤(은)	0998 **prove** [pruːv] 통 증명하다
0989 **almost** [ɔ́ːlmoust] 틧 거의, 대부분	0999 **stress** [stres] 몡 압박; 강조; 스트레스
0990 **ground** [graund] 몡 땅; 운동장	1000 **snake** [sneik] 몡 뱀

work in a _____
공장에서 일하다

a _____ contest
미인선발대회

the _____ of Korea
한국 수도

an engine _____
엔진 고장

a cute _____
귀여운 천사

carry a _____
바구니를 운반하다

a business _____
상업 지역

a born _____
타고난 피아니스트

a _____ party
굉장한 파티

_____ for breath
한숨 돌리기 위해 잠깐 쉬다

sleep _____
충분히 자다

_____ news
뉴스를 반복하다

_____ money
돈을 빌리다

a late _____
늦은 저녁식사

_____'s television
programs 오늘밤의 텔레비전 프로그램

_____ conclusively
확실하게 증명하다

be _____ ready
거의 준비가 되다

physical _____
육체적 압박

sit on the _____
땅에 앉다

_____s bite
뱀이 물다

My father works in that car **factory**.

Seoul is the **capital** of Korea.

She is like an **angel**.

This **district** is mainly residential.

He is a **terrific** baseball player.

I have **enough** money to buy a book.

May I **borrow** your book?

I want to go to bed early **tonight**.

It's **almost** time for the train to leave.

The **ground** of our school is large.

We were charmed with the **beauty** of the palace.

I am sorry to cause you so much **trouble**.

Some fruits are in the **basket**.

She is a famous **pianist**.

I **paused** in the conversation.

Don't **repeat** such an error.

Supper is the last meal of the day.

We can **prove** her innocence.

My headache is caused by **stress**.

She is very afraid of **snakes**.

⇒ 아버지는 저 자동차 공장에서 일하신다.

⇒ 서울은 한국의 수도이다.

⇒ 그녀는 천사 같다.

⇒ 이 지역은 대부분 주택가이다.

⇒ 그는 야구를 굉장히 잘한다.

⇒ 나는 책을 살 충분한 돈이 있다.

⇒ 당신 책을 빌릴 수 있습니까?

⇒ 나는 오늘밤 일찍 자고 싶다.

⇒ 기차가 거의 출발할 시간이다.

⇒ 우리 학교 운동장은 넓다.

⇒ 우리는 그 궁전의 아름다움에 매혹되었다.

⇒ 폐를 너무 끼쳐 미안합니다.

⇒ 약간의 과일이 바구니 안에 있다.

⇒ 그녀는 유명한 피아니스트다.

⇒ 나는 대화를 잠시 중지했다.

⇒ 그런 잘못을 되풀이하지 마라.

⇒ 저녁식사는 하루의 마지막 식사이다.

⇒ 우리는 그녀의 결백을 입증할 수 있다.

⇒ 내 두통은 스트레스 때문이다.

⇒ 그녀는 뱀을 몹시 무서워한다.

Part
3

Basic
Stage

Essential
Stage

Advanced
Stage

좀 어렵게 느껴지더라도 여기에 나온 단어를
완벽하게 자신의 것으로 만든다면 중1-2학년
영어에 대한 자신감이 생길 거예요.

| 1001 | **wiper** [wáipər] 명 닦개, 와이퍼 | 1011 | **throw** [θrou] 동 던지다 |

1001 wiper
[wáipər] 명 닦개, 와이퍼

1002 careful
[kéərfəl] 형 주의 깊은, 조심스러운

1003 mess
[mes] 명 엉망진창 동 엉망으로 만들다

1004 sweep
[swi:p] 동 쓸다, 비질하다

1005 marine
[mərí:n] 형 바다의

1006 traffic
[træfik] 명 교통(량)

1007 backpack
[bǽkpæk] 명 배낭

1008 palace
[pǽlis] 명 궁전

1009 tourist
[túərist] 명 관광객, 여행자

1010 similar
[símələr] 형 비슷한, 닮은

1011 throw
[θrou] 동 던지다

1012 stand
[stænd] 동 서다, 서 있다

1013 ahead
[əhéd] 부 앞으로, 전방에

1014 television
[téləvìʒən] 명 텔레비전, TV

1015 reward
[riwɔ́:rd] 명 보수, 보답

1016 attend
[əténd] 동 출석하다

1017 certain
[sə́:rtn] 형 확실한; 어떤, 일정한

1018 valley
[vǽli] 명 골짜기, 계곡

1019 create
[kriéit] 동 창조하다; 야기하다

1020 native
[néitiv] 형 타고난; 고향의, 태어난

a windshield _____
차유리 **와이퍼**

_____ a fast ball
빠른 볼[속구]을 **던지다**

_____ driving
조심스러운 운전

_____ still
가만히 **서 있다**

a _____ed-up room
지저분한 방

move _____
앞으로 이동하다

_____ up a room
방을 **쓸다**

watch _____
텔레비전을 보다

_____ corps
해병대

receive a _____
보상을 받다

a _____ accident
교통사고

_____ a meeting
모임에 **참석하다**

go _____ing
배낭여행을 가다

be _____ of winning the
game 시합에서 이기리라고 **확신하다**

a _____ of a house
궁전 같은 집

a deep _____
깊숙한 **골짜기**

a _____ in Seoul
서울 **관광객**

_____ confusion
혼란을 **일으키다**

be _____ in character
성격이 **비슷하다**

a _____ talent
타고난 재능

215

This **wiper** is out of order.

She is very **careful**.

What a **mess**!

I'd like to **sweep** the floor.

I want to be a **marine** biologist some day.

The **traffic** lights turned red.

I'm carrying a **backpack**.

The old **palace** is open to the public.

I'm a **tourist**.

My friend and I are **similar** in character.

Throw the ball to me.

He was **standing** by the gate.

Walk straight **ahead**.

There's nothing interesting on **television** this evening.

They received **rewards** for their efforts.

He **attends** church services on Sundays.

A **certain** person called on you yesterday.

I went down the **valley**, and crossed the river.

Hangeul was **created** by King Sejong.

He returned to his **native** country.

➡ 이 와이퍼는 고장이다.

➡ 그녀는 매우 주의 깊다.

➡ 정말 지저분하구나!

➡ 나는 바닥을 쓸고 싶다.

➡ 나는 언젠가는 해양 생물학자가 되고 싶다.

➡ 교통 신호등이 빨간색으로 바뀌었다.

➡ 나는 배낭을 지니고 있다.

➡ 그 고궁은 대중에게 개방되어 있다.

➡ 관광객입니다.

➡ 나와 내 친구는 성격이 비슷하다.

➡ 나에게 그 공을 던져라.

➡ 그는 문 옆에 서 있었다.

➡ 앞으로 곧장 가시오.

➡ 오늘 저녁의 TV는 볼 만한 프로가 없다.

➡ 그들은 노력한 보답을 받았다.

➡ 그는 일요일마다 예배에 참석한다.

➡ 어떤 사람이 어제 너를 찾아왔다.

➡ 나는 계곡을 내려간 다음 강을 건넜다.

➡ 한글은 세종대왕에 의해 만들어졌다.

➡ 그는 고국으로 돌아갔다.

1021
billion
[bíljən] 뗑 10억

1022
battle
[bǽtl] 뗑 전투

1023
service
[sə́ːrvis] 뗑 봉사; 서비스

1024
believe
[bilíːv] 뜅 믿다

1025
address
[ədrés] 뗑 주소

1026
intend
[inténd] 뜅 ~할 작정이다

1027
official
[əfíʃəl] 뗗 공적인; 공식의

1028
publish
[pʌ́bliʃ] 뜅 발표하다; 출판하다

1029
receive
[risíːv] 뜅 받다

1030
difficult
[dífikʌlt] 뗗 곤란한, 어려운

1031
society
[səsáiəti] 뗑 사회; 협회

1032
deliver
[dilívər] 뜅 배달하다

1033
height
[hait] 뗑 키; 높이

1034
server
[sə́ːrvər] 뗑 봉사자; 서버

1035
senior
[síːnjər] 뗗 손위의 뗑 연장자

1036
couple
[kʌ́pl] 뗑 한 쌍, 둘

1037
problem
[prábləm] 뗑 문제

1038
charm
[tʃaːrm] 뗑 매력 뜅 매혹하다

1039
bicycle
[báisikl] 뗑 자전거

1040
clothes
[klouðz] 뗑 옷, 의복

5 _____ dollars
5십억 달러

a member of _____
사회의 일원

an air _____
공중전

_____ a package
소포를 배달하다

go into _____
봉사[근무]하다

lose _____
고도를 낮추다

_____ his story
그의 이야기를 믿다

an online _____
온라인 서버

an e-mail _____
전자 우편 주소

a _____ citizen
윗어른[노인]

_____ to go
갈 생각이다

a _____ of apples
사과 두 개

_____ duties
공무

an easy _____
쉬운 문제

_____ the news
소식을 알리다

feminine _____s
여성미

_____ a prize
상을 받다

ride a _____
자전거를 타다

a _____ answer
어려운 대답

put on _____
옷을 입다

There are nine zeroes in a **billion**.

He was killed in **battle**.

The **service** at the hotel is good.

I **believe** that he is honest.

I know her **address**.

I **intend** him to be a writer.

The President is in Greece for an **official** two-day visit.

They **published** the book.

I **received** a letter from my friend.

I solved the **difficult** problems.

The **society** was set up in 2000.

The letter was **delivered** at the wrong address.

She's about my **height**.

The **server** is taking away a plate.

He is eight years **senior** to me.

The **couple** shouted a welcome.

It is a difficult **problem**.

The village has a certain **charm**.

Mother bought a **bicycle** for me.

Tom's mother is washing his **clothes**.

➡ 10억에는 0이 9개 있다.

➡ 그는 전사했다.

➡ 그 호텔의 서비스는 좋다.

➡ 나는 그가 정직하다고 믿는다.

➡ 나는 그녀의 주소를 안다.

➡ 나는 그를 작가로 만들 작정이다.

➡ 대통령은 지금 이틀간의 공식적 방문차 그리스에 있다.

➡ 그들은 그 책을 출판했다.

➡ 나는 내 친구에게서 편지를 받았다.

➡ 나는 어려운 문제들을 풀었다.

➡ 그 협회는 2000년에 설립되었다.

➡ 그 편지는 엉뚱한 주소로 배달되었다.

➡ 그녀는 키가 거의 나만하다.

➡ 서버가 접시를 치우고 있다.

➡ 그는 나보다 8년 연상이다.

➡ 두 사람은 환영하는 소리를 질렀다.

➡ 그것은 어려운 문제이다.

➡ 그 마을은 뭔가 매력이 있다.

➡ 어머니께서는 나에게 자전거를 한 대 사주셨다.

➡ 탐의 어머니께서는 그의 옷을 세탁하고 계신다.

1041
furniture
[fə́:rnitʃər] 명 가구

1051
change
[tʃeindʒ] 동 바꾸다; 바뀌다

1042
kitchen
[kítʃən] 명 부엌

1052
farmer
[fá:rmər] 명 농부

1043
recycle
[rì:sáikl] 동 재활용하다

1053
boring
[bɔ́:riŋ] 형 지루한, 따분한

1044
pattern
[pǽtərn] 명 무늬; 양식

1054
lonely
[lóunli] 형 고독한, 외로운

1045
toward
[təwɔ́:rd] 전 ~쪽으로, ~을 향하여

1055
potato
[pətéitou] 명 감자

1046
thumb
[θʌm] 명 엄지손가락

1056
summer
[sámər] 명형 여름(의)

1047
dozen
[dʌ́zn] 명 12개, 다스

1057
weather
[wéðər] 명 날씨

1048
across
[əkrɔ́:s] 전 ~건너편에, ~을 가로질러

1058
window
[wíndou] 명 창문, 창

1049
social
[sóuʃəl] 형 사회적인

1059
different
[dífərənt] 다른, 딴

1050
during
[djúəriŋ] 전 ~동안에, ~중에

1060
source
[sɔ:rs] 명 원천, 근원

antique ＿＿＿＿＿＿

골동품 **가구**

＿＿＿＿＿＿ the rules

규칙을 **바꾸다**

cook in the ＿＿＿＿＿

부엌에서 요리하다

become a ＿＿＿＿＿

농부가 되다

＿＿＿＿＿ newspapers

신문지를 **재활용하다**

have a ＿＿＿＿＿ time

지루한 시간을 보내다

the behavior ＿＿＿＿＿s of
teenagers 10대들의 행동 **양식**

a ＿＿＿＿＿ life

고독한 일생

run ＿＿＿＿＿ the sea

바다를 **향해** 달리다

weigh ＿＿＿＿＿es

감자의 무게를 달다

suck one's ＿＿＿＿＿

엄지손가락을 빨다

＿＿＿＿＿ sports

하계 스포츠

pack oranges in lots of a
＿＿＿＿＿ each 오렌지를 한 **다스**씩 담다

fine ＿＿＿＿＿

좋은 **날씨**

run ＿＿＿＿＿ the street

거리를 **가로질러** 달리다

look out of the ＿＿＿＿＿

창밖을 내다 보다

＿＿＿＿＿ environment

사회적 환경

a ＿＿＿＿＿ kind

다른 종류

＿＿＿＿＿ the summer
vacation 여름방학 **중에**

an important ＿＿＿＿＿ of
income 큰 수입**원**

I like modern-style **furniture**.

Mother cooks in the **kitchen**.

I collected the old newspapers to **recycle**.

She's wearing a dress with a **pattern** of tiny roses.

She was walking **toward** me.

I hurt my **thumb**.

Pencils are sold by the **dozen**.

The supermarket is **across** the street.

I take part in many **social** activities.

Do your homework **during** the holidays.

He **changed** his mind.

A **farmer** gets up early in the morning.

He's such a **boring** person.

He lived a **lonely** life.

These **potatoes** peel easily.

I went to Australia this **summer**.

How was the **weather**?

He opened the **window**.

A tiger is **different** from a lion.

Oranges are a good **source** of vitamin C.

➡ 나는 현대적인 가구를 좋아한다.

➡ 어머니께서는 부엌에서 요리를 하신다.

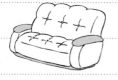

➡ 지난 신문들을 재활용하기 위해 모았다.

➡ 그녀는 작은 장미꽃 무늬가 있는 드레스를 입고 있다.

➡ 그녀는 나를 향하여 걸어오고 있었다.

➡ 나는 엄지손가락을 다쳤다.

➡ 연필은 한 다스 단위로 판다.

➡ 길 건너편에 슈퍼마켓이 있다.

➡ 나는 여러 사회활동에 참여한다.

➡ 휴가 동안에 숙제를 해라.

➡ 그는 마음을 바꾸었다.

➡ 농부는 아침 일찍 일어난다.

➡ 그는 무척 따분한 사람이다.

➡ 그는 고독한 일생을 보냈다.

➡ 이 감자들은 껍질이 쉽게 벗겨진다.

➡ 이번 여름에 호주에 갔었다.

➡ 날씨는 어땠습니까?

➡ 그는 창문을 열었다.

➡ 호랑이는 사자와 다르다.

➡ 오렌지는 비타민 C의 좋은 공급원이다.

1061 patient
[péiʃənt] 형 참을성 있는 명 환자

1062 people
[píːpl] 명 사람들; 민족

1063 cousin
[kʌ́zn] 명 사촌; 친척

1064 nephew
[néfjuː] 명 조카

1065 number
[nʌ́mbər] 명 수, 숫자; 번호

1066 chance
[tʃæns] 명 기회; 가망

1067 subject
[sʌ́bdʒikt] 명 주제; 과목

1068 favorite
[féivərit] 형 가장 좋아하는

1069 polite
[pəláit] 형 공손한, 정중한

1070 history
[hístəri] 명 역사

1071 serious
[síəriəs] 형 (병이) 심한, 진지한

1072 wonder
[wʌ́ndər] 동 궁금해 하다

1073 speech
[spiːtʃ] 명 연설

1074 project
[prádʒekt] 명 계획

1075 captain
[kæptin] 명 (팀의) 주장; 선장, 기장

1076 eastern
[íːstərn] 형 동쪽의

1077 fasten
[fæsn] 동 붙이다, 매다

1078 before
[bifɔ́ːr] 전 ~전에, ~하기 전에

1079 course
[kɔːrs] 명 진로; 항로

1080 answer
[ǽnsər] 명동 대답(하다)

a _____ worker
끈기 있는 일꾼

a _____ illness
중병

village _____
마을 **사람들**

_____ when she will come
그녀가 언제 올지 **궁금하다**

a distant _____
먼 **친척**

a _____ at the meeting
모임에서의 **연설**

adopt one's _____ as a son
조카를 양자로 들이다

a research _____
연구 **계획**

count the _____ of pupils
학생 **수**를 세다

the _____ of our team
우리팀 **주장**

a good _____
절호의 **기회**

_____ ideas
동양 사상

change the _____
화제를 바꾸다

_____ buttons
단추를 **잠그다**

my _____ movie star
가장 좋아하는 영화배우

_____ it gets dark
어두워지기 **전에**

_____ greetings
공손한 인사

change _____
진로를 바꾸다

Korean _____
한국 **역사**

a correct _____
정답

227

A doctor is looking after his **patients**.

Asia has many **peoples**.

My **cousin** swims well.

She has a **nephew** in the navy.

The **number** of pupils is getting larger and larger.

There is a **chance** that she may live.

What is your favorite **subject**?

Who is your **favorite** singer?

He is always **polite** to everyone.

He teaches **history** to us.

His injury was not **serious**.

I **wonder** what happened.

He made a **speech** in English.

He explained his **project** to me.

The **captain** walked the deck.

She lives in the **eastern** part of the city.

Don't forget to **fasten** your seatbelts.

Brush your teeth **before** you go to bed.

The plane changed **course**.

She **answered** my questions.

➡ 의사가 환자들을 돌보고 있다.

➡ 아시아에는 많은 민족들이 있다.

➡ 내 사촌은 수영을 잘한다.

➡ 그녀에게는 해군에 가 있는 조카가 있다.

➡ 학생의 수는 점점 늘고 있다.

➡ 그녀는 살 가망이 있다.

➡ 네가 가장 좋아하는 과목은 무엇이니?

➡ 가장 좋아하는 가수는 누구니?

➡ 그는 언제나 모든 사람에게 공손하다.

➡ 그는 우리에게 역사를 가르친다.

➡ 그의 부상은 심하지 않았다.

➡ 나는 무슨 일이 생겼는지 궁금하다.

➡ 그는 영어로 연설을 했다.

➡ 그는 나에게 자신의 계획을 설명했다.

➡ 선장은 갑판을 걸었다.

➡ 그녀는 그 도시의 동부 지역에 살고 있다.

➡ 안전띠 매는 것을 잊지 마세요.

➡ 잠자리에 들기 전에 이를 닦아라.

➡ 그 비행기는 항로를 바꾸었다.

➡ 그녀는 내 질문에 대답했다.

1081 **always** [ɔ́:lweiz] 분 항상, 늘, 언제나	1091 **liberty** [líbərti] 명 자유
1082 **global** [glóubəl] 형 세계적인	1092 **custom** [kʌ́stəm] 명 관습, 습관
1083 **energy** [énərdʒi] 명 정력, 활기, 에너지	1093 **several** [sévərəl] 형 몇 개의, 여럿의
1084 **breath** [breθ] 명 호흡, 숨	1094 **special** [spéʃəl] 형 특별한
1085 **concert** [ká:nsərt] 명 콘서트, 음악회, 연주회	1095 **another** [ənʌ́ðər] 대 또 하나, 또 한 사람
1086 **station** [stéiʃən] 명 정거장, 역	1096 **present** [prézənt] 명 선물 형 출석한
1087 **minute** [mínit] 명 분; 잠깐	1097 **advice** [ædváis] 명 충고, 조언
1088 **birthday** [bə́:rθdèi] 명 생일	1098 **divide** [diváid] 동 나누다
1089 **culture** [kʌ́ltʃər] 명 문화	1099 **abroad** [əbrɔ́:d] 분 외국에[으로]
1090 **statue** [stǽtʃu:] 명 조각상	1100 **country** [kʌ́ntri] 명 나라; 시골

빈칸에 알맞는 단어를 쓰면서 외우세요.

_____ late
언제나 지각하는

the _____ Bell
자유의 종

_____ warming
지구 온난화

Korean _____s
한국인의 **관습**

great _____
큰 **에너지**

_____ fish
몇 마리의 물고기

take a deep _____
심**호흡**하다

a _____ train
특별 열차

hold a _____
콘서트를 열다

in _____ moment
다음 순간에

arrive at the _____
역에 도착하다

a birthday _____
생일 **선물**

five _____s to three
3시 5**분**전

give _____
충고를 하다

my fifteenth _____
나의 15번째 **생일**

_____ in two
둘로 **나누다**

Korean food _____
한국 음식 **문화**

travel _____
해외여행을 하다

a _____ of a lion
사자의 **상**

live in the _____
시골에서 살다

231

Always wash your hands before you eat.

The problem of hunger is of **global** importance.

He is full of **energy**.

I took a deep **breath** and jumped into the water.

The **concert** will be held next Sunday.

Show me the way to the **station**.

One **minute** is sixty seconds.

Happy **birthday** to you!

I want to experience more **culture**.

There is a **statue** of MacArthur in Incheon city.

Give me **liberty**, or give me death!

I followed the American **custom**.

He has **several** shirts.

We eat **special** food on New Year's Day.

Give me **another**.

All the pupils were **present**.

I want to give you some **advice**.

The stream **divides** the field.

I shall go **abroad** next month.

India is a large **country**.

➡ 식사하기 전에 항상 손을 씻어라.

➡ 기아 문제는 세계적으로 중요하다.

➡ 그는 활력이 넘쳐흐른다.

➡ 나는 심호흡을 하고 물속에 뛰어들었다.

➡ 음악회는 다음 일요일에 열린다.

➡ 역으로 가는 길을 알려주시오.

➡ 1분은 60초이다.

➡ 생일 축하합니다!

➡ 더 많은 문화를 경험하고 싶다.

➡ 인천시에는 맥아더 동상이 있다.

➡ 자유가 아니면 죽음을 달라!

➡ 나는 미국의 관습을 따랐다.

➡ 그는 몇 벌의 셔츠가 있다.

➡ 우리는 설날에 특별한 음식을 먹는다.

➡ 하나 더 주세요.

➡ 학생들 모두가 출석했다.

➡ 몇 마디 충고를 하겠다.

➡ 실개천이 밭을 가르고 있다.

➡ 나는 내달에 외국에 간다.

➡ 인도는 큰 나라이다.

1101 **opinion**
[əpínjən] 명 의견, 견해

1102 **bakery**
[béikəri] 명 빵집; 제과점

1103 **picnic**
[píknik] 명 피크닉, 소풍

1104 **soccer**
[sάkər] 명 축구

1105 **correct**
[kərékt] 형 정확한, 옳은

1106 **around**
[əráund] 전 ~의 주위에

1107 **wrong**
[rɔːŋ] 형 나쁜; 틀린

1108 **theater**
[θíːətər] 명 극장, 영화관

1109 **beach**
[biːtʃ] 명 해변, 바닷가

1110 **usually**
[júːʒuəli] 부 보통, 대개

1111 **breakfast**
[brékfəst] 명 아침식사

1112 **parent**
[pέərənt] 명 어버이(부모); 양친

1113 **daughter**
[dɔ́ːtər] 명 딸

1114 **month**
[mʌnθ] 명 달, 월; 1개월

1115 **bored**
[bɔːrd] 형 지루한; 싫증나는

1116 **magic**
[mǽdʒik] 명형 마술(의)

1117 **engine**
[éndʒin] 명 엔진, 기관

1118 **village**
[vílidʒ] 명 마을

1119 **forever**
[fərévər] 부 영원히

1120 **sleeve**
[sliːv] 명 소매

my _____ about this
이것에 대한 나의 **의견**

after _____
아침식사 후

bread and _____ products
빵 및 **제과**제품

lose one's _____s
양친을 여의다

a _____ in the park
공원에서의 **피크닉**

an only _____
외동**딸**

play _____
축구를 하다

last _____
지난 **달**

a _____ answer
정확한 대답

_____ to death
지루해서 죽을 것 같은

sit _____ the fire
불 **주위에** 둘러앉다

a _____ trick
마술의 속임수

a _____ answer
틀린 답

a steam _____
증기 **기관**

a small _____
작은 **극장**

a quiet _____
조용한 **마을**

play on the _____
해변에서 놀다

love you _____
영원히 너를 사랑한다

_____ get up at six
보통 6시에 일어나다

long _____s
긴 **소매**

235

In my **opinion**, you're wrong.

There is a famous **bakery** in the town.

We went on a **picnic** last Sunday.

Soccer first started in England.

That clock shows the **correct** time.

We sat **around** the table.

You're **wrong**.

Is there a movie **theater** around here?

We sang a song on the **beach**.

He **usually** eats bread for breakfast.

Tom has **breakfast** at seven o'clock.

She cooked dinner for her **parents**.

He married my **daughter**.

January is the first **month** of the year.

His lecture **bored** us.

My uncle is very good at performing **magic**.

Its **engine** has been repaired.

I was born in a small **village**.

I will love my parents **forever**.

She pulled me by the **sleeve**.

➡ 내 생각으로는 네가 그르다.

➡ 그 마을에는 유명한 빵집이 있다.

➡ 우리는 지난 일요일에 소풍을 갔다.

➡ 축구는 영국에서 최초로 시작되었다.

➡ 저 시계는 정확한 시간을 가리키고 있다.

➡ 우리는 탁자 주위에 앉았다.

➡ 네가 틀렸다.

➡ 이 근처에 극장이 있습니까?

➡ 우리는 해변에서 노래를 불렀다.

➡ 그는 아침식사로 대개 빵을 먹는다.

➡ 탐은 7시에 아침을 먹는다.

➡ 그녀는 부모님을 위해 저녁식사를 준비했다.

➡ 그는 내 딸과 결혼했다.

➡ 1월은 1년의 첫 번째 달이다.

➡ 그의 강의는 우리를 짜증나게 했다.

➡ 아저씨는 마술 부리기를 아주 잘한다.

➡ 그 차의 엔진이 수리되었다.

➡ 나는 작은 마을에서 태어났다.

➡ 우리 부모님을 영원히 사랑할 것이다.

➡ 그녀는 내 소매를 잡아당겼다.

1121 **fiction**
[fíkʃən] 명 소설; 꾸민 이야기

1122 **dentist**
[déntist] 명 치과의사

1123 **soldier**
[sóuldʒər] 명 군인, 병사

1124 **choose**
[tʃuːz] 동 뽑다, 고르다; 결정하다

1125 **partner**
[páːrtnər] 명 상대; 파트너

1126 **border**
[bɔ́ːrdər] 명 경계, 국경

1127 **quickly**
[kwíkli] 부 빨리

1128 **rude**
[ruːd] 형 무례한, 버릇없는

1129 **float**
[flout] 동 뜨다

1130 **telephone**
[téləfòun] 명 전화; 전화기

1131 **nothing**
[nʌ́θiŋ] 대 아무 것도, 하나도

1132 **wheel**
[(h)wiːl] 명 바퀴; 핸들

1133 **triangle**
[tráiæŋgl] 명 삼각형

1134 **airport**
[ɛ́ərpɔ̀ːrt] 명 공항, 비행장

1135 **because**
[bikɔ́ːz] 접 왜냐하면, ~때문에

1136 **curve**
[kəːrv] 명 곡선

1137 **pound**
[paund] 명 파운드(무게), 영국화폐 단위

1138 **drain**
[drein] 동 배수하다

1139 **rinse**
[rins] 명 헹구기 동 헹구다

1140 **weed**
[wiːd] 명 잡초 동 잡초를 뽑다

빈칸에 알맞는 단어를 쓰면서 외우세요.

popular _____
대중 **소설**

a box with _____ in it
아무것도 안 든 상자

go to the _____
치과에 가다

the front _____
앞**바퀴**

a brave _____
용감한 **군인**

a regular _____
정**삼각형**

_____ a reference book
참고서를 **고르다**

meet at the _____
공항에서 만나다

help the _____
파트너를 돕다

_____ it rained hard
비가 몹시 왔기 **때문에**

the inter-Korean _____
남북한 **접경**

a _____ on a graph
그래프의 **곡선**

get well _____
빨리 좋아지다

a _____ of sugar
1**파운드**의 설탕

a _____ manner
무례한 태도

a well-_____ed city
배수시설이 잘된 도시

_____ in the air
공중에 **떠오르다**

_____ one's mouth with salt water 소금물로 **양치질하다**

answer the _____
전화를 받다

pull out _____s
잡초를 뽑다

Truth is stranger than **fiction**.

The **dentist** pulled my tooth.

The **soldiers** will fight bravely.

We **chose** to go to the sea.

I played tennis with my **partner**.

The steep path is the sole access to the **border**.

The trees grow **quickly**.

He is a **rude** fellow.

Oil will **float** on water.

There is a **telephone** on the table.

I have **nothing**.

I turned the **wheel** the wrong way.

A **triangle** has three sides.

Do you know where the **airport** is?

He was late **because** he missed the bus.

The girl drew a **curve** on the paper.

I have two **pounds** in my purse.

They **drained** the water out of the basement.

Rinse the pasta with boiling water.

Please **weed** the garden.

➡ 사실은 소설보다 기이하다.

➡ 치과의사가 내 이를 뽑았다.

➡ 군인들은 용감히 싸울 것이다.

➡ 우리는 바다에 가기로 결정했다.

➡ 나는 파트너와 테니스를 쳤다.

➡ 가파른 그 길이 국경으로 가는 유일한 방법이다.

➡ 그 나무들은 빨리 자란다.

➡ 그는 예의를 모른다.

➡ 기름은 (으레) 물 위에 뜬다.

➡ 탁자 위에 전화기가 있다.

➡ 나는 아무것도 가지고 있지 않다.

➡ 나는 핸들을 반대로 돌렸다.

➡ 삼각형에는 세 개의 변이 있다.

➡ 공항이 어디에 있는지 아십니까?

➡ 버스를 놓쳤기 때문에 그는 늦었다.

➡ 소녀는 종이에 곡선을 그렸다.

➡ 내 지갑에 2파운드가 있다.

➡ 그들은 지하실에서 물을 빼냈다.

➡ 파스타를 끓는 물에 헹구십시오.

➡ 정원의 잡초를 뽑아주십시오.

1141 **cough**
[kɔːf] 몡 기침

1142 **crowd**
[kraud] 몡 군중, 다수

1143 **weekly**
[wíːkli] 혱 매주의

1144 **subway**
[sʌ́bwei] 몡 지하철; 지하도

1145 **collect**
[kəlékt] 동 모으다, 수집하다

1146 **terrible**
[térəbl] 혱 끔찍한, 심한

1147 **neither**
[níːðər] 뛰 (neither ~ nor…) 어느 쪽도 ~아니다

1148 **popular**
[pɑ́pjələr] 혱 인기 있는; 대중적인

1149 **famous**
[féiməs] 혱 유명한, 이름난

1150 **perfect**
[pə́ːrfikt] 혱 완전한, 완벽한

1151 **treasure**
[tréʒər] 몡 보물

1152 **mistake**
[mistéik] 몡 실수, 잘못

1153 **holiday**
[hɑ́lədèi] 몡 휴일, 휴가

1154 **pepper**
[pépər] 몡 후추; 고추

1155 **harvest**
[hɑ́ːrvist] 몡 수확, 거두어들임

1156 **excited**
[iksáitid] 혱 흥분한

1157 **against**
[əgénst] 젠 ~을 거슬러; ~에 부딪혀

1158 **reason**
[ríːzn] 몡 이유, 원인, 까닭

1159 **haircut**
[hɛ́ərkʌ̀t] 몡 이발, 커트

1160 **throat**
[θrout] 몡 목(구멍)

_____ medicine
기침약

a national _____
나라의 **보물**

a large _____
많은 **군중**

make a _____
실수하다

a _____ magazine
주간지

a national _____
국경일

a _____ station
지하철**역**

red _____
붉은 **고추**

_____ stamps
우표를 **수집하다**

a good _____
풍작

a _____ accident
무시무시한 사고

an _____ crowd
흥분한 관중

_____ read nor write
읽지도 쓰지도 **못하다**

be _____ the plan
계획에 **반대하다**

a _____ novel
대중적인 소설

the _____ for his success
그의 성공 **이유**

a _____ picture
유명한 그림

have a _____
이발을 하다

a _____ answer
완벽한 대답

have a sore _____
목구멍이 아프다

243

This medicine will ease your **cough**.

There were big **crowds** of people in the theater.

This is a **weekly** newspaper.

The **subway** is crowded.

My hobby is **collecting** stamps.

I had a **terrible** cold last week.

I know **neither** his father nor his mother.

Tom is **popular** with children.

The singer is **famous**.

His English paper was **perfect**.

That old temple has many **treasures**.

That is my **mistake**.

I'm on **holiday** next week.

Pepper makes food hot.

Autumn is the **harvest** season.

Everyone was **excited**.

The car ran **against** a rock.

She suddenly left without any **reason**.

You need a **haircut**.

Smoking is bad for your **throat**.

➡ 이 약을 먹으면 기침이 가라앉을 것이다.

➡ 극장 안은 많은 군중으로 가득 차 있었다.

➡ 이것은 주간 신문이다.

➡ 지하철이 혼잡하다.

➡ 내 취미는 우표수집이다.

➡ 나는 지난 주 지독한 감기에 걸렸다.

➡ 나는 그의 아버지도 어머니도 모른다.

➡ 탐은 아이들에게 인기가 있다.

➡ 그 가수는 유명하다.

➡ 그의 영어 답안은 나무랄 데가 없었다.

➡ 저 오래된 절에는 많은 보물이 있다.

➡ 그건 내 실수야.

➡ 나는 다음 주에 휴가다.

➡ 후추는 음식에 매운 맛을 낸다.

➡ 가을은 추수의 계절이다.

➡ 모두들 들떠 있었다.

➡ 그 자동차는 바위에 부딪쳤다.

➡ 그녀는 별 이유 없이 갑자기 떠났다.

➡ 너 머리 깎아야겠다.

➡ 흡연은 목에 좋지 않다.

1161 **period**
[píəriəd] 명 기간, 시기

1162 **century**
[séntʃəri] 명 세기, 백년

1163 **dialog**
[dáiəlɔ̀ːg] 명 대화

1164 **belong**
[bilɔ́ːŋ] 동 속하다, ~의 소유이다

1165 **control**
[kəntróul] 동 지배(제어)하다, 관리하다

1166 **nervous**
[nə́ːrvəs] 형 신경의; 신경질의, 초조한

1167 **general**
[dʒénərəl] 명 장군 형 일반의

1168 **alphabet**
[ǽlfəbèt] 명 알파벳

1169 **important**
[impɔ́ːrtənt] 형 중요한, 귀중한

1170 **dangerous**
[déindʒərəs] 형 위험한

1171 **except**
[iksépt] 전 ~을 제외하고는, ~이외는

1172 **strange**
[streindʒ] 형 이상한; 낯선

1173 **stream**
[striːm] 명 시내, 개울

1174 **lately**
[léitli] 부 요즈음, 최근에

1175 **helpful**
[hélpfəl] 형 도움이 되는

1176 **phrase**
[freiz] 명 어구

1177 **memory**
[méməri] 명 기억(력); 추억

1178 **possible**
[pásəbl] 형 가능한

1179 **purpose**
[pɔ́ːrpəs] 명 목적, 의도

1180 **refuse**
[rifjúːz] 동 거절하다

a short _____
짧은 **기간**

everyone _____ one
한 사람만 **제외하고** 모두

the 20th _____
20**세기**

a _____ sound
이상한 소리

the _____s of Platon
플라톤의 **대화편**

across a _____
냇물을 건너

_____ to this club
클럽에 **속하다**[회원이다]

till _____
최근까지

under _____
통제되는

a _____ person
도움이 되는 사람

be _____ about the exam
시험 때문에 **초조하다**

a noun _____
명사**구**

the _____ public
일반 대중

a good _____
좋은 **기억**

say the _____ backward
알파벳을 거꾸로 말하다

_____ solutions
가능한 해결책

an _____ event
중대 사건

_____ of the visit
방문 **목적**

a _____ dog
위험한 개

_____ a bribe
뇌물을 **거절하다**

He stayed there for a short **period**.

This building was built in the nineteenth **century**.

Dramas are written in **dialog**.

That dictionary **belongs** to me.

I could not **control** my tears.

I am always **nervous** before giving a speech.

The **general** put his idea into action.

There are twenty-six letters in the English **alphabet**.

It is **important** to study hard.

It is **dangerous** to cross that street.

We go to school every day **except** Sunday.

Her manner is very **strange**.

We went to the **stream** to catch fish.

I haven't seen Jane **lately**.

This book was very **helpful**.

He answered in carefully chosen **phrases**.

She has a bad **memory**.

It is **possible** to reach the top of the mountain.

What is the **purpose** of studying English?

I **refused** her gift.

➡ 그는 잠시 동안 그 곳에 머물렀다.

➡ 이 빌딩은 19세기에 지어졌다.

➡ 드라마는 대화로 쓰인다.

➡ 그 사전은 나의 것이다.

➡ 나는 눈물을 억제할 수가 없었다.

➡ 나는 연설 전에는 항상 초조하다.

➡ 그 장군은 자신의 생각을 실행에 옮겼다.

➡ 영어 알파벳에는 26자가 있다.

➡ 열심히 공부하는 것은 중요하다.

➡ 저 길을 건너는 것은 위험하다.

➡ 우리는 일요일을 빼고는 매일 학교에 간다.

➡ 그녀의 태도는 아주 이상하다.

➡ 우리는 고기를 잡으러 개울에 갔다.

➡ 난 최근에 제인을 못 봤다.

➡ 이 책은 상당히 유용했다.

➡ 그는 신중히 선택한 어구로 답했다.

➡ 그녀는 기억력이 나쁘다.

➡ 그 산꼭대기에 도달하는 것은 가능하다.

➡ 영어를 공부하는 목적은 무엇입니까?

➡ 나는 그녀의 선물을 거절했다.

1181	**freedom** [frí:dəm] 몡 자유	1191	**remove** [rimú:v] 동 옮기다; 제거하다
1182	**notebook** [nóutbùk] 몡 공책, 노트	1192	**prepare** [pripéər] 동 준비하다
1183	**anyway** [éniwèi] 뷔 아무튼	1193	**material** [mətíəriəl] 몡 재료 혱 물질의
1184	**square** [skwéər] 몡 정사각형	1194	**anytime** [énitàim] 뷔 언제든지
1185	**useful** [júːsfəl] 혱 쓸모 있는, 유용한	1195	**achieve** [ətʃíːv] 동 이루다
1186	**foolish** [fúːliʃ] 혱 바보 같은, 멍청이의	1196	**checkup** [tʃékʌ̀p] 몡 대조; 점검
1187	**various** [véəriəs] 혱 여러 가지의, 다양한	1197	**structure** [strʌ́ktʃər] 몡 구조; 건물
1188	**church** [tʃəːrtʃ] 몡 교회	1198	**cultural** [kʌ́ltʃərəl] 혱 문화의; 교양의
1189	**wisdom** [wízdəm] 몡 현명, 지혜	1199	**earnest** [ə́ːrnist] 혱 진지한, 열심인
1190	**emperor** [émpərər] 몡 황제	1200	**summit** [sʌ́mit] 몡 정상; 절정

250

_____ of speech
언론의 **자유**

_____ furniture
가구를 **운반하다**

write in a _____
공책에 적다

_____ for a trip
여행 **준비를 하다**

Thank you _____.
어쨌든 감사합니다.

_____ civilization
물질문명

draw a _____
정사각형을 그리다

leave _____
언제라도 떠나다

a _____ animal
유용한 동물

_____ victory
승리를 **거두다**

a _____ boy
어리석은 소년

a medical _____
건강 **진단**

_____ flowers
여러 가지 꽃

the _____ of a
government 정치 **기구**

go to _____
교회에 가다

_____ studies
교양 과목

a fountain of _____
지혜의 원천

an _____ worker
성실히 일하는 사람

_____ worship
황제 숭배

reach a _____
정상에 이르다

251

The price of **freedom** is responsibility.

Do you have a **notebook**?

Anyway, I have to go now. See you.

The pupil is drawing a **square** on the paper.

This book is very **useful** for mothers.

It is **foolish** to play in the rain.

There were **various** types of pants.

They go to **church** on Sunday.

I think **wisdom** is the most important to a king.

He was a Roman **Emperor**.

Could you see if you can **remove** it?

Mother is **preparing** breakfast in the kitchen.

This house is built of good **materials**.

Please call on me **anytime**.

You can't **achieve** everything overnight.

It requires further **checkup**.

That is an old wood **structure**.

The two countries make **cultural** exchanges.

She wore an **earnest** expression.

I reached the **summit** of happiness.

➡ 자유의 대가는 책임이다.

➡ 너는 노트를 가지고 있니?

➡ 아무튼 지금 가야만 해. 나중에 보자.

➡ 그 학생은 종이에 정사각형을 그리고 있다.

➡ 이 책은 어머니들에게 아주 유용하다.

➡ 빗속에서 노는 것은 바보 같은 짓이다.

➡ 가게에는 여러 종류의 바지가 있었다.

➡ 그들은 일요일에 교회에 간다.

➡ 나는 지혜가 왕에게 가장 중요하다고 생각한다.

➡ 그는 로마 황제였다.

➡ 그것을 제거해 주실 수 있는지 봐주시겠어요?

➡ 어머니가 부엌에서 아침밥을 짓고 계시다.

➡ 이 집은 좋은 재료를 썼다.

➡ 언제든지 방문해 주십시오.

➡ 하룻밤에 모든 것을 이룰 수는 없다.

➡ 그것은 더 검토할 필요가 있다.

➡ 그것은 오래된 목재 구조물이다.

➡ 그 두 나라는 문화 교류를 하고 있다.

➡ 그녀는 진지한 표정을 지었다.

➡ 나는 행복의 절정에 도달했다.

1201 produce [prədjúːs] 동 생산하다, 제조하다	**1211 anyone** [éniwÀn] 대 누군가, 누구든지
1202 direction [dirékʃən] 명 방향, 방위; 지시	**1212 symbol** [símbəl] 명 상징; 기호
1203 shelter [ʃéltər] 명 피난처	**1213 depend** [dipénd] 동 ~에 의하다, ~을 의지하다
1204 straight [streit] 형 곧은 부 똑바로	**1214 among** [əmÁŋ] 전 ~중에, 사이에
1205 engineer [èndʒəníər] 명 기사, 엔지니어	**1215 without** [wiðáut] 전 ~없이, ~하지 않고
1206 gesture [dʒéstʃər] 명 몸짓, 손짓, 제스처	**1216 already** [ɔːlrédi] 부 이미, 벌써
1207 science [sáiəns] 명 과학	**1217 stretch** [stretʃ] 동 퍼지다, 뻗치다
1208 hospital [háspitl] 명 병원	**1218 honesty** [ánisti] 명 정직
1209 director [diréktər] 명 감독	**1219 jealous** [dʒéləs] 형 샘[질투] 많은
1210 quarter [kwɔ́ːrtər] 명 4분의 1, 15분	**1220 greedy** [gríːdi] 형 욕심 많은, 탐욕스러운

_____ cars
자동차를 **만들다**

a good sense of _____
좋은 **방향** 감각

a _____ from the rain
비를 **피하는** 곳

a _____ line
직선

an electrical _____
전기 **기사**

an angry _____
화난 **몸짓**

a teacher of _____
과학 선생님

a general _____
종합 **병원**

a musical _____
뮤지컬 **감독**

a _____ of a cake
케이크의 **4분의 1**

sing better than _____
else 누구보다도 노래를 잘 부르다

a phonetic _____
발음 **기호**

_____ on the weather
날씨에 **달려 있다**

a house _____ the trees
나무들 **사이의** 집

drink coffee _____ cream
크림 **없이** 커피를 마시다

_____ dark
이미 어두워진

_____ out on a bed
침대에 팔다리를 **펴고** 눕다

a man of _____
정직한 사람

a _____ husband
질투심 많은 남편

_____ for money and
power 돈과 권력을 **탐하는**

255

Much wool is **produced** in Australia.

He did the work under my **direction**.

Many people had to move into **shelters**.

Go **straight** ahead down this street.

He is an electric **engineer**.

He made the **gestures** of a monkey.

We study **science** at school.

Mom took me to the **hospital**.

He is an art **director** in France.

There is a **quarter** of an orange left.

Is **anyone** absent?

The dove is a **symbol** of peace.

I can **depend** on him.

Mary is the most beautiful girl **among** us.

We can't live **without** water.

The giant was **already** fast asleep.

The player **stretched** out his arms to catch the ball.

His **honesty** was proved.

He is **jealous** of my success.

He is **greedy** for money and power.

⇒ 많은 양털이 오스트레일리아에서 생산된다.

⇒ 그는 내 지시 하에 그 일을 했다.

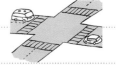

⇒ 많은 사람들이 피난처로 옮겨가야 했다.

⇒ 이 길을 똑바로 가시오.

⇒ 그는 전기 기사다.

⇒ 그는 원숭이 흉내를 냈다.

⇒ 우리는 학교에서 과학을 공부한다.

⇒ 엄마는 나를 데리고 병원에 갔다.

⇒ 그는 프랑스에서 미술 감독이다.

⇒ 오렌지의 4분의 1이 남아 있다.

⇒ 누군가 결석했습니까?

⇒ 비둘기는 평화의 상징이다.

⇒ 나는 그에게 안심하고 의지할 수 있다.

⇒ 우리들 중에서 메리가 제일 예쁘다.

⇒ 우리는 물 없이는 살 수 없다.

⇒ 그 거인은 이미 깊은 잠에 빠져 있었다.

⇒ 그 선수는 공을 잡으려고 팔을 뻗쳤다.

⇒ 그의 정직함이 증명되었다.

⇒ 그는 나의 성공을 질투하고 있다.

⇒ 그는 돈과 권력에 탐욕을 부린다.

1221	**wooden** [wúdn] 휑 나무의	1231	**vehicle** [víːikəl] 명 탈것, 운송 수단

1222	**suddenly** [sʌ́dnli] 튀 돌연, 갑자기	1232	**shower** [ʃáuər] 명 샤워; 소나기

1223	**college** [kálidʒ] 명 (단과) 대학	1233	**sneakers** [sníːkərz] 명 운동화

1224	**genius** [dʒíːnjəs] 명 천재	1234	**modern** [mádərn] 휑 근대의, 현대적인

1225	**diligent** [dílədʒənt] 휑 근면한	1235	**between** [bitwíːn] 전 (둘 사이) ~의 사이에

1226	**branch** [bræntʃ] 명 나뭇가지	1236	**surprise** [sərpráiz] 동 놀라게 하다

1227	**textbook** [tékstbùk] 명 교과서	1237	**hundred** [hʌ́ndrəd] 명휑 100(의)

1228	**railroad** [réilròud] 명휑 철도(의)	1238	**thousand** [θáuzənd] 명휑 1,000(의)

1229	**festival** [féstəvəl] 명 축제, 축제일	1239	**percent** [pərsént] 명 퍼센트, 백분율

1230	**climate** [kláimit] 명 기후	1240	**spread** [spred] 동 펴다

258

빈칸에 알맞는 단어를 쓰면서 외우세요.

Minimal Phrases

a _____ hammer
나무망치

stop _____
갑자기 멈추다

a business _____
경영 대학

a _____ in mathematics
수학의 **천재**

a _____ student
성실한 학생

break a _____
나뭇가지를 꺾다

an English _____
영어 **교과서**

a _____ accident
철도 사고

a school _____
학교 **축제**

a mild _____
온화한 **기후**

a motor _____
자동차

a heavy _____
폭우

a pair of _____
운동화 한 켤레

_____ language
현대어

a secret _____ you and me
너와 나 **사이의** 비밀

be _____ d at the news
그 소식을 듣고 **놀라다**

a few _____
수백

three _____ pounds
3**천** 파운드

a hundred _____ silk dress
100 **퍼센트** 실크 옷

_____ a map
지도를 **펴다**

259

We live in a **wooden** house.

Suddenly she screamed.

My brother goes to **college**.

Einstein was a **genius**.

He is more **diligent** than his brother.

Two birds are sitting on the **branch**.

This is a new **textbook**.

We live close by the **railroad**.

They held a memorial **festival**.

The **climate** influences crops.

Automobiles, bicycles, and planes are **vehicles**.

I am taking a **shower**.

He's wearing a shirt, jeans, and **sneakers**.

He studies the **modern** history of Korea.

Tom is sitting **between** Mary and Sumi.

Tom is going to **surprise** Jim.

It costs a dollar or a **hundred** cents.

The ticket costs students seven **thousand** won.

You have to be in the top ten **percent** of your class.

She **spread** the cloth on the table.

⇒ 우리는 목조 가옥에서 산다.

⇒ 갑자기 그녀는 소리쳤다.

⇒ 나의 형은 대학에 다닌다.

⇒ 아인슈타인은 천재였다.

⇒ 그는 그의 동생보다 더 근면하다.

⇒ 두 마리의 새가 나뭇가지 위에 앉아 있다.

⇒ 이것은 새 교과서이다.

⇒ 우리는 기찻길 옆에 산다.

⇒ 그들은 기념 축제를 열었다.

⇒ 기후는 농작물에 영향을 끼친다.

⇒ 자동차, 자전거, 비행기는 운송 수단들이다.

⇒ 나는 샤워를 하고 있다.

⇒ 그는 셔츠에 청바지를 입고, 운동화를 신고 있다.

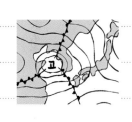

⇒ 그는 한국 근대사를 공부한다.

⇒ 탐은 메리와 수미 사이에 앉아 있다.

⇒ 탐은 짐을 놀래 주려고 하고 있다.

⇒ 그것은 1달러 즉 100센트이다.

⇒ 학생용 입장권은 7,000원이다.

⇒ 학급 석차가 10% 안에는 들어야 한다.

⇒ 그녀는 테이블 위에 테이블보를 폈다.

1241 **plenty** [plénti] 몡 풍부, 넉넉함	1251 **breathe** [bríːð] 동 호흡하다
1242 **illness** [ílnis] 몡 병	1252 **happen** [hǽpən] 동 생기다, 일어나다
1243 **regular** [régjulər] 혱 정기적인; 규칙적인	1253 **cartoon** [kɑːrtúːn] 몡 (시사풍자) 만화
1244 **cleaner** [klíːnər] 몡 청소기	1254 **become** [bikʌ́m] 동 ~이 되다
1245 **outside** [àutsáid] 뷔 바깥에 젠 ~의 밖에	1255 **unhappy** [ʌnhǽpi] 혱 불행한
1246 **however** [hauévər] 뷔 그렇지만; 아무리 ~해도	1256 **handsome** [hǽnsəm] 혱 잘생긴, 핸섬한
1247 **system** [sístəm] 몡 제도; 조직, 체계	1257 **anything** [éniθìŋ] 대 무엇이든지; 아무 것도
1248 **building** [bíldiŋ] 몡 빌딩, 건물	1258 **airplane** [ɛ́ərplèin] 몡 비행기
1249 **bottom** [bátəm] 몡 아랫부분, 밑바닥	1259 **season** [síːzn] 몡 계절
1250 **uniform** [júːnəfɔ̀ːrm] 몡 제복, 유니폼	1260 **scissors** [sízərz] 몡 가위 <복수취급>

빈칸에 알맞는 단어를 쓰면서 외우세요.

Minimal Phrases

_____ of milk
많은 우유

_____ fresh air
신선한 공기를 들이마시다

bodily_____
육체적인 병

an accident _____s
사고가 일어나다

_____ classes
정규 수업

see a _____
만화영화를 보다

a vacuum _____
진공청소기

_____ a doctor
의사가 되다

play _____
밖에서 놀다

an _____ death
불행한 죽음

_____ rich one may be
아무리 부자더라도

a _____ boy
잘생긴 소년

an educational _____
교육 제도

_____ one likes
아무 것이나 좋아하는 것

a tall _____
높은 빌딩

an _____ bound for
London 런던행 비행기

the _____ of a river
강바닥

the summer _____
여름철

wear a _____
유니폼을 입다

cut with _____
가위로 자르다

263

I have had **plenty**.

His **illness** is serious.

Eating **regular** meals is good for health.

I need a vacuum **cleaner**.

It's quite dark **outside**.

His mind, **however**, did not change.

The welfare **system** of that country is not working well.

Our school is a four-story **building**.

Look at the **bottom** of page 40.

Wear your **uniforms** in school.

We can **breathe** fresh air in the country.

What has **happened** to my bicycle?

I like to look at the **cartoon** in the newspaper.

He **became** a scientist.

She looked **unhappy**.

He is a **handsome** youth.

If **anything** happens, let me know.

An **airplane** is flying in the sky.

There are four **seasons** in a year.

These **scissors** cut well.

➡ 많이 먹었습니다[이제 충분합니다].

➡ 그의 병은 심각하다.

➡ 규칙적인 식사를 하는 것은 건강에 좋다.

➡ 진공청소기가 필요하다.

➡ 바깥은 꽤 어둡다.

➡ 그렇지만 그의 마음은 변하지 않았다.

➡ 그 나라의 복지제도는 잘 운영되고 있지 않다.

➡ 우리 학교는 4층 건물이다.

➡ 40페이지의 아랫부분을 보시오.

➡ 학교에서는 교복을 입어라.

➡ 시골에서는 신선한 공기를 호흡할 수 있다.

➡ 내 자전거에 무슨 일이 생겼니?

➡ 나는 신문에서 시사만화 보는 것을 좋아한다.

➡ 그는 과학자가 되었다.

➡ 그녀는 불행해 보였다.

➡ 그는 미남 청년이다.

➡ 무슨 일이 일어나면 내게 알려라.

➡ 비행기가 하늘을 날고 있다.

➡ 1년에 4계절이 있다.

➡ 이 가위는 잘 든다.

1261 **medium**
[míːdiəm] 명형 중간(의)

1271 **exactly**
[igzǽktli] 부 정확하게

1262 **excuse**
[ikskjúːz] 동 용서하다

1272 **autumn**
[ɔ́ːtəm] 명 <영> 가을

1263 **article**
[áːrtikl] 명 (신문의) 기사; 물품

1273 **ancestor**
[ǽnsestər] 명 조상

1264 **finally**
[fáinəli] 부 최후에, 마침내

1274 **calendar**
[kǽləndər] 명 캘린더, 달력

1265 **easily**
[íːzili] 부 쉽게, 수월하게

1275 **relative**
[rélətiv] 명 친척

1266 **harmful**
[háːrmfəl] 형 해로운

1276 **mid-term**
[míd təːrm] 명형 중간(의)

1267 **weapon**
[wépən] 명 무기

1277 **pilgrim**
[pílgrim] 명 순례자

1268 **northern**
[nɔ́ːrðərn] 형 북쪽에 있는, 북쪽의

1278 **tumble**
[tʌ́mbəl] 동 넘어지다, 떨어지다

1269 **southern**
[sʌ́ðərn] 형 남쪽의, 남쪽에 있는

1279 **tremble**
[trémbəl] 동 떨다

1270 **common**
[kámən] 형 보통의; 공통의

1280 **waitress**
[wéitris] 명 웨이트리스, 여급

빈칸에 알맞는 단어를 쓰면서 외우세요.

a _____ size
중간 크기

at _____ six o'clock
정각 6시에

_____ a fault
잘못을 **용서하다**

a clear _____ day
맑은 **가을** 날씨

an _____ made by the
company 그 회사에서 만든 **물건**

_____ worship
조상 숭배

get a job _____
마침내 직장을 구하다

a desk _____
책상용 **달력**

find the place _____
쉽게 장소를 찾다

a near _____
가까운 **친척**

be _____ to health
건강에 **해롭다**

a _____ exam
중간고사

a deadly _____
흉기

Muslim _____s
이슬람교 **순례자들**

a _____ European
북유럽 사람

_____ down the stairs
계단에서 굴러 **떨어지다**

the _____ sea
남쪽 바다

_____ with fear
공포로 **떨다**

_____ sense
상식

an unfriendly _____
불친절한 **웨이트리스**

267

I'd like my steak **medium**.

He **excused** my fault.

His **article** was left out for want of space.

Finally, the game was over.

I could do the test **easily**.

Ozone can be **harmful** to people.

Guns are dangerous **weapons**.

The **northern** part of the country is mountainous.

The river falls into the **southern** sea.

I have nothing in **common** with him.

The twins look **exactly** the same.

The sky is high in **autumn**.

His **ancestors** came from Spain.

A big **calendar** is hanging on the wall.

She is my distant **relative**.

My **mid-term** exam is only a couple of days away.

The **pilgrims** failed to find the place to settle.

She slipped and **tumbled**.

She **trembled** at the sound.

The **waitress** served the salad.

➡ 스테이크를 중간 정도로 구워 주시오.

➡ 그는 나의 잘못을 용서했다.

➡ 그가 쓴 기사는 공간이 부족하여 제외되었다.

➡ 드디어 경기가 끝났다.

➡ 나는 그 시험을 쉽게 치를 수 있었다.

➡ 오존은 사람들에게 해로울 수 있다.

➡ 총은 위험한 무기이다.

➡ 그 나라의 북부는 산이 많다.

➡ 그 강은 남쪽 바다로 흘러든다.

➡ 나는 그와 공통된 점이 전혀 없다.

➡ 그 쌍둥이는 정말 똑같다.

➡ 가을에는 하늘이 높다.

➡ 그의 선조는 스페인 출신이다.

➡ 큰 달력이 벽에 걸려 있다.

➡ 그녀는 나의 먼 친척이다.

➡ 중간고사가 겨우 이틀 정도밖에 남지 않았다.

➡ 순례자들은 정착할 곳을 찾는 데 실패했다.

➡ 그녀는 미끄러졌다.

➡ 그녀는 그 소리에 몸을 떨었다.

➡ 여종업원은 샐러드를 내왔다.

| 1281 | **conquer** [káŋkər] 동 정복하다 | 1291 | **inventor** [invéntər] 명 발명자 |

| 1282 | **besides** [bisáidz] 부 그 밖에 전 ~외에도 | 1292 | **message** [mésidʒ] 명 메시지, 전하는 말 |

| 1283 | **though** [ðou] 접 비록 ~이지만 | 1293 | **example** [igzǽmpl] 명 보기, 예; 견본 |

| 1284 | **twinkle** [twíŋkəl] 동 반짝반짝 빛나다 명 반짝임 | 1294 | **imagine** [imǽdʒin] 동 상상하다 |

| 1285 | **scenery** [síːnəri] 명 풍경, 경치 | 1295 | **medicine** [médisn] 명 약 |

| 1286 | **machine** [məʃíːn] 명·형 기계(의) | 1296 | **express** [iksprés] 동 (감정을) 표현하다, 나타내다 |

| 1287 | **manager** [mǽnidʒər] 명 지배인; 감독, 매니저 | 1297 | **yourself** [juərsélf] 대 당신 자신 |

| 1288 | **clothing** [klóuðiŋ] 명 의복 | 1298 | **sneeze** [sniːz] 명 재채기 |

| 1289 | **everyone** [évriwʌn] 대 모든 사람, 모두 | 1299 | **stomach** [stʌ́mək] 명 위, 복부 |

| 1290 | **bathtub** [bǽθtʌb] 명 목욕통, 욕조 | 1300 | **sightseeing** [sáitsìːiŋ] 명 관광 |

빈칸에 알맞는 단어를 쓰면서 외우세요.

Minimal Phrases

_____ an enemy
적을 **정복하다**

a born _____
타고난 **발명가**

_____ me
나 **말고도**

bring a _____
메시지를 전하다

_____ the heavens fall
천지개벽이 **일어나도**

show an _____
본을 보이다

stars _____ing in the sky
하늘에 **반짝이는** 별들

_____ the scene clearly
그 장면을 선명하게 **상상하다**

beautiful _____
아름다운 **풍경**

a _____ for a cold
감기**약**

work a _____
기계를 다루다

_____ one's feelings
감정을 **표현하다**

a stage _____
무대 **감독**

know _____
너 자신을 알다

food, _____, and shelter
의식주

coughs and _____s
기침과 **재채기**

_____ in the room
방에 있는 **모든 사람**

on an empty _____
공복 때의

refill a _____
욕조의 물을 갈다

city _____
시내 **관광**

271

He wants to **conquer** the world.

He speaks French **besides** English.

Though I failed, I will try again.

She said it with a **twinkle** in her eyes.

The **scenery** is incredible.

All these **machines** work.

He was a respectable **manager**.

He wears simple **clothing**.

Everyone can have a ball.

I scrubbed the **bathtub**.

Who is the **inventor** of the telephone?

I have a **message** for you.

He gave them a good **example**.

I can't **imagine** who said such a thing.

I take **medicine** every day.

We **express** our feelings by words.

You must not go by **yourself**.

She let out a loud **sneeze**.

My **stomach** feels full.

We went **sightseeing** to Niagara Falls.

➡ 그는 이 세상을 정복하고 싶어 한다.

➡ 그는 영어 외에도 불어를 말한다.

➡ 비록 실패했지만 나는 다시 시도하겠다.

➡ 그녀는 눈을 반짝이며 그 말을 했다.

➡ 경치가 굉장히 좋다.

➡ 이 기계들은 모두 작동한다.

➡ 그는 존경할 만한 관리자였다.

➡ 그는 검소한 옷을 입는다.

➡ 누구나 다 공을 가질 수 있다.

➡ 나는 욕조를 닦았다.

➡ 전화를 발명한 사람은 누구니?

➡ 당신에게 전할 말이 있습니다.

➡ 그는 그들에게 좋은 본을 보여 주었다.

➡ 그런 것을 누가 말했는지 상상할 수 없다.

➡ 나는 매일 약을 먹는다.

➡ 우리는 감정을 말로 나타낸다.

➡ 혼자 가서는 안 돼.

➡ 그녀가 크게 재채기를 했다.

➡ 배가 빵빵하다.

➡ 우리는 나이아가라 폭포에 관광을 갔다.

1301	**suggest** [səgdʒést] 동 제안하다	1311	**anybody** [énibàdi] 대 누군가; 누구든지
1302	**impress** [imprés] 동 인상을 주다, 감동시키다	1312	**someone** [sámwàn] 대 누군가, 어떤 사람
1303	**version** [və́ːrʒən] 명 판, 버전	1313	**something** [sámθiŋ] 대 무언가, 어떤 것
1304	**section** [sékʃən] 명 부분, 부서; 구역	1314	**everybody** [évribàdi] 대 누구나 다, 모두
1305	**human** [hjúːmən] 형 인간의, 인간적인	1315	**everyday** [évridèi] 형 매일의; 일상의
1306	**balloon** [bəlúːn] 명 기구; 풍선	1316	**semester** [siméstər] 명 (2학기제 대학) 한 학기
1307	**include** [inklúːd] 동 포함하다, 넣다	1317	**increase** [inkríːs] 동 늘다; 증가하다
1308	**sentence** [séntəns] 명 문장	1318	**moment** [móumənt] 명 잠시, 잠깐
1309	**anymore** [ènimɔ́ːr] 부 이제는, 더 이상	1319	**practice** [prǽktis] 동 연습하다; 실행하다
1310	**nobody** [nóubàdi] 대 아무도 ~않다	1320	**provide** [prəváid] 동 주다, 공급하다

274

_____ a tour of the
museum 박물관 견학을 **제안하다**

_____ else
누군가 다른 사람

_____ favorably
좋은 **인상을 주다**

stare at _____
누군가를 빤히 쳐다보다

the original _____ of a
play 희곡의 원**본**

_____ to drink
무언가 마실 것

a business _____
상업 **지역**

_____ in the room
방에 있는 **모든 사람들**

a _____ voice
인간의 목소리

_____ clothes
평상복

blow up a _____
풍선을 불다

the new _____
신학기

all charges _____d
모든 요금을 **포함하여**

_____ in price
값이 **오르다**

a negative _____
부정문

in the _____ of crisis
위기의 **순간에**

not drink _____
더 이상 술을 안 마시다

_____ the piano
피아노를 **연습하다**

_____ in the room
그 방에 **아무도**

_____ a topic for
discussion 토론의 주제를 **제공하다**

He **suggested** a hike, and we agreed.

The story **impressed** me very much.

He read Tolstoy's works in English **versions**.

There are many **sections** in this office.

The movie is a touching **human** drama.

Air leaked out of the **balloon**.

The class **includes** several foreign students.

Read the **sentence**, please.

He is not sick **anymore**.

Nobody knows him.

Anybody can solve the problem.

Someone is knocking on the door.

Give me **something** to eat.

Everybody was in the class.

The Internet has become part of **everyday** life.

I'm preparing for the second **semester**.

The number of cars has **increased** recently.

Can I speak to you for a **moment**?

He **practices** early rising.

Bees **provide** us with honey.

➡ 그는 도보 여행을 제안했고, 우리는 동의했다.

➡ 그 이야기는 나에게 무척 감동을 주었다.

➡ 그는 톨스토이의 작품을 영역본으로 읽었다.

➡ 이 사무실에는 많은 부서가 있다.

➡ 그 영화는 감동적인 인간 드라마이다.

➡ 풍선에서 공기가 빠져나갔다.

➡ 그 학급은 몇몇의 외국인 학생을 포함하고 있다.

➡ 그 문장을 읽어 주세요.

➡ 그는 더 이상 아프지 않다.

➡ 아무도 그를 알지 못한다.

➡ 누구든 그 문제를 풀 수 있다.

➡ 누군가 문을 두드리고 있다.

➡ 무엇인가 먹을 것을 주십시오.

➡ 모두 교실에 있었다.

➡ 인터넷은 일상생활의 일부가 되었다.

➡ 나는 2학기를 준비하고 있어.

➡ 최근에 차량의 숫자가 증가하고 있다.

➡ 잠시만 얘기를 해도 되겠습니까?

➡ 그는 일찍 일어나기를 실행하고 있다.

➡ 꿀벌들은 우리에게 꿀을 준다.

1321 **through**
[θru:] 전 ~을 통해서, ~을 지나서

1322 **discover**
[diskʌ́vər] 동 발견하다

1323 **dessert**
[dizə́ːrt] 명 형 디저트(의), 후식(의)

1324 **classical**
[klǽsikəl] 형 고전의

1325 **earache**
[íərèik] 명 귀앓이

1326 **toothache**
[túːθèik] 명 치통

1327 **headache**
[hédèik] 명 두통

1328 **stomachache**
[stʌ́məkèik] 명 복통

1329 **raincoat**
[réinkòut] 명 레인코트, 비옷

1330 **moral**
[mɔ́ːrəl] 형 도덕(상)의

1331 **envelope**
[énvəlòup] 명 봉투

1332 **whether**
[hwéðər] 접 ~인지 아닌지, ~이건 아니건

1333 **ability**
[əbíləti] 명 능력; 재능

1334 **pleasure**
[pléʒər] 명 즐거움, 쾌락

1335 **pleasant**
[plézənt] 형 즐거운, 기분 좋은, 유쾌한

1336 **distance**
[dístəns] 명 간격, 거리

1337 **impatient**
[impéiʃənt] 형 성급한, 참을성 없는

1338 **attention**
[əténʃən] 명 주의, 주목

1339 **accident**
[ǽksidənt] 명 뜻밖의 사건, 사고

1340 **stranger**
[stréindʒər] 명 낯선[모르는] 사람

run _____ the field
들판을 **가로질러** 달리다

a letter _____
편지 **봉투**

_____ an island
섬을 **발견하다**

_____ it rains or not
비가 **오건 안 오건**

a _____ fork
디저트 포크

a man of many _____ies
다재다능한 사람

_____ music
클래식 음악

life's great _____s
삶의 큰 **기쁨**

have an _____
귀가 아프다

a _____ wind
상쾌한 바람

have a _____
이가 아프다

a short _____
근거리

a slight _____
가벼운 **두통**

an _____ person
성급한 사람

suffer from _____
복통을 앓다

pay _____ to her
그녀에게 **주목하다**

dress a child in a _____
아이에게 **비옷**을 입히다

a car _____
자동차 **사고**

_____ philosophy
윤리학

a mysterious _____
이상한 **낯선 사람**

279

Water flows **through** this pipe.

Columbus **discovered** America.

He had a cake and coffee for **dessert**.

He is a **classical** dancer.

Earache is a pain in the inside part of your ear.

A girl had a terrible **toothache**.

I have a bad **headache** today.

I have a **stomachache**.

I'll buy the blue **raincoat**.

Man is a **moral** animal.

May I have the stamps on this **envelope**?

I don't know **whether** it's true or not.

The task exceeds his **ability**.

He lived for **pleasure**.

We had a **pleasant** time.

What is the **distance** from here to Chicago?

He was getting **impatient**.

Attention, please!

When did the **accident** occur?

I found a **stranger** standing at the gate.

⇒ 물은 이 관을 통해 흐른다.

⇒ 콜럼버스는 아메리카를 발견했다.

⇒ 그는 디저트로 케이크를 먹고 커피를 마셨다.

⇒ 그는 고전 무용수다.

⇒ 이통은 당신 귀 안의 통증이다.

⇒ 한 소녀가 심한 치통을 앓았다.

⇒ 나는 오늘 두통이 심하다.

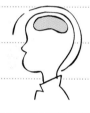

⇒ 배가 아프다.

⇒ 나는 파란색 비옷을 살 것이다.

⇒ 인간은 도덕적 동물이다.

⇒ 이 봉투에 붙은 우표를 가져도 됩니까?

⇒ 나는 그것이 사실인지 아닌지 모르겠다.

⇒ 그의 능력으로는 그 일을 할 수 없다.

⇒ 그는 즐거움을 위해 살았다.

⇒ 우리는 즐거운 시간을 보냈다.

⇒ 여기서 시카고까지의 거리는 얼마입니까?

⇒ 그는 점점 참을 수 없게 되었다.

⇒ 주목하세요!

⇒ 그 사고는 언제 발생했습니까?

⇒ 나는 문 앞에 낯선 사람이 한 사람 서 있는 것을 보았다.

1341 **teenager**
[tíːnèidʒər] 몡 십대(13~19세 소년·소녀)

1342 **university**
[jùːnəvɔ́ːrsəti] 몡 대학, 종합대학

1343 **pardon**
[páːrdn] 동 용서하다

1344 **officer**
[ɔ́ːfisər] 몡 장교; 관리, 공무원

1345 **ladder**
[lǽdər] 몡 사다리

1346 **chimney**
[tʃímni] 몡 굴뚝

1347 **pimple**
[pímpl] 몡 여드름

1348 **develop**
[divéləp] 동 발달하다[시키다]

1349 **attitude**
[ǽtitjùːd] 몡 (사람·물건 등에 대한) 태도

1350 **classmate**
[klǽsmèit] 몡 동급생, 급우

1351 **foreign**
[fɔ́ːrin] 혱 외국의

1352 **roommate**
[rúːmmèit] 몡 동거인, 룸메이트

1353 **roadside**
[róudsàid] 몡 길가

1354 **bloom**
[bluːm] 몡동 꽃(이 피다)

1355 **blossom**
[blásəm] 몡 꽃 <과일나무 꽃>

1356 **garbage**
[gáːrbidʒ] 몡 쓰레기

1357 **promise**
[prámis] 몡 약속

1358 **average**
[ǽvəridʒ] 몡 평균

1359 **observe**
[əbzɔ́ːrv] 동 지키다

1360 **operate**
[ápərèit] 동 작동하다; 수술하다

the _____s in blue jeans
청바지를 입은 **십대들**

a _____ language
외국어

study at _____
대학에서 공부하다

a new _____
새 **룸메이트**

_____ his mistake
그의 잘못을 **용서하다**

a _____ cafe
길가에 있는 카페

a police _____
경찰**관**

in full _____
만개하여

climb a _____
사다리를 오르다

acacia _____s
아카시아 **꽃**

factory _____s
공장 **굴뚝**

collect the _____
쓰레기를 수거하다

a _____d face
여드름 난 얼굴

make a _____
약속을 하다

_____ muscles
근육을 **발달시키다**

above _____
평균 이상으로

healthy _____s
건전한 **태도**

_____ the law
법을 **지키다**

_____s in middle
school 중학교 **동창**

_____ machinery
기계를 **작동하다**

283

He studied the slang of the local **teenagers**.

My brother goes to **university**.

Pardon me for saying so.

The **officer** returned the private's salute.

I climbed up the **ladder** to the roof.

The **chimney** is smoking.

What causes **pimples**?

He **developed** his mind and body.

I don't like his **attitude** toward my husband.

He is my **classmate**.

It is fun to learn a **foreign** language.

Do you like your new **roommate**?

We stopped our car by the **roadside**.

The rose **blooms** in May.

Apple **blossoms** are white.

I put the **garbage** in the trash can.

She always keeps her **promise**.

She's about **average** height.

You must **observe** the rules.

The doctor **operated** on my stomach.

➡ 그는 그 지역 십대들의 속어를 연구했다.

➡ 나의 오빠는 대학에 다닌다.

➡ 그렇게 말한 것을 용서해 주십시오.

➡ 장교는 이등병의 경례를 받아주었다.

➡ 나는 사다리를 타고 지붕에 올라갔다.

➡ 굴뚝에서 연기가 나고 있다.

➡ 무엇이 여드름을 생기게 하니?

➡ 그는 심신을 발달시켰다.

➡ 나는 내 남편에 대한 그의 태도가 마음에 들지 않는다.

➡ 그는 나의 급우이다.

➡ 외국어를 배우는 것은 재미있다.

➡ 너의 새 룸메이트 괜찮니?

➡ 우리는 길가에 차를 세웠다.

➡ 장미는 5월에 핀다.

➡ 사과 꽃은 하얗다.

➡ 쓰레기는 휴지통에 버렸다.

➡ 그 여자는 항상 약속을 지킨다.

➡ 그녀는 키가 보통이다.

➡ 법을 지켜야 한다.

➡ 의사는 내 위를 수술했다.

1361 **rescue** [réskju:] 동 구조하다	1371 **previous** [prí:viəs] 형 앞의, 이전의
1362 **continue** [kəntínju:] 동 계속하다, 연속하다	1372 **upward** [ʎpwərd] 부 위쪽으로
1363 **mention** [ménʃən] 동 말하다	1373 **familiar** [fəmíljər] 형 친(밀)한
1364 **success** [səksés] 명 성공	1374 **although** [ɔ:lðóu] 접 비록 ~일지라도, ~이기는 하지만
1365 **suppose** [səpóuz] 동 추측하다, ~이라고 생각하다	1375 **faithful** [féiθfəl] 형 충실한
1366 **package** [pǽkidʒ] 명 꾸러미, 소포	1376 **complete** [kəmplí:t] 형 완전한; 온전한
1367 **bathroom** [bǽθrù:m] 명 욕실; 화장실	1377 **iceberg** [áisbə:rg] 명 빙산
1368 **column** [káləm] 명 기둥; 칼럼	1378 **portrait** [pɔ́:rtrit] 명 초상(화)
1369 **meadow** [médou] 명 풀밭, 목초지	1379 **marriage** [mǽridʒ] 명 결혼
1370 **member** [mémbər] 명 회원, 멤버	1380 **wedding** [wédiŋ] 명 결혼식 형 결혼의

286

attempt a _____
구출을 시도하다

a _____ engagement
선약

_____ the story
이야기를 **계속하다**

an _____ climb
위로 향하는 길

_____ a name
이름을 **대다**

_____ faces
낯익은 얼굴

a great _____
대**성공**

_____ it was very hot
무척 더웠**지만**

_____ he will come
그가 올 거라고 **생각하다**

a _____ worker
충실한 일꾼

deliver a _____
소포를 배달하다

a _____ set
온전한 세트

wash hands in the
_____ **욕실**에서 손을 씻다

the tip of the _____
빙산의 일각

a fashion _____
패션 **칼럼**

a family _____
가족 **초상화**

20 acres of _____
20에이커의 **풀밭**

announce a _____
결혼을 발표하다

a _____ of the family
가족의 한 **사람**

a _____ invitation
청첩장

287

They went to her **rescue**.

The rain **continued** all day.

She **mentioned** the book to me.

He is sure of **success**.

Let's **suppose** he is right.

He undid the **package**.

Where is the **bathroom**?

The **column** was made of white marble.

There was a path through the **meadow**.

She became a **member** of the club.

I had written **previous** to visiting.

The sparrow flew **upward**.

The name sounds **familiar** to me.

Although he is very poor, he is honest.

He is my **faithful** friend.

I will lend you the **complete** works of Shakespeare.

The **iceberg** split in two.

She had her **portrait** painted.

Marriage is the second beginning of life.

Today is our **wedding** anniversary.

➡ 그들은 그녀를 구조하러 갔다.

➡ 비는 종일 계속해서 내렸다.

➡ 그녀가 나에게 그 책에 대해 언급했다.

➡ 그는 자신의 성공을 확신한다.

➡ 그가 옳다고 가정하자.

➡ 그는 포장을 다시 풀었다.

➡ 화장실은 어디에 있습니까?

➡ 그 기둥은 흰 대리석으로 만들었다.

➡ 초원을 가로질러 길이 나 있었다.

➡ 그녀는 그 클럽의 회원이 되었다.

➡ 나는 방문하기 전에 편지를 보냈다.

➡ 참새가 위로 날아올랐다.

➡ 그 이름은 내게 친숙하게 들린다.

➡ 그는 매우 가난하지만 정직하다.

➡ 그는 나의 충실한 친구이다.

➡ 셰익스피어 전집을 빌려 드리겠습니다.

➡ 빙산이 둘로 갈라졌다.

➡ 그녀는 초상화를 그리게 했다.

➡ 결혼은 인생의 두 번째 시작이다.

➡ 오늘은 우리 결혼기념일이다.

1381	**disease** [dizí:z] 명 병, 질병	1391	**butterfly** [bʌ́tərflài] 명 나비

1382	**bedroom** [bédrù:m] 명 침실	1392	**multiply** [mʌ́ltəplài] 동 곱하다; 번식하다

1383	**armchair** [áːrmtʃèər] 명 안락의자	1393	**subtract** [səbtrǽkt] 동 빼다

1384	**meaning** [míːniŋ] 명 의미, 뜻	1394	**nowhere** [nóuhwèər] 부 아무 데도 ~없다

1385	**interview** [íntərvjùː] 명 면담, 면접; 인터뷰	1395	**housewife** [háuswàif] 명 주부

1386	**emotion** [imóuʃən] 명 감정; 감동	1396	**teamwork** [tíːmwə̀ːrk] 명 팀워크, 협력

1387	**roadway** [róudwèi] 명 도로	1397	**humorous** [hjúːmərəs] 형 유머러스한

1388	**business** [bíznis] 명 사업, 장사; 일, 업무	1398	**shadow** [ʃǽdou] 명 그림자

1389	**musician** [mjuːzíʃən] 명 음악가	1399	**certainly** [sə́ːrtnli] 부 틀림없이, 확실히

1390	**volunteer** [vàləntíər] 명 자원봉사자 동 자원봉사하다	1400	**gentleman** [dʒéntlmən] 명 신사

a heart _____
심장**병**

fly like a _____
나비처럼 날다

a quiet _____
조용한 **침실**

_____ five by ten
5에 10을 **곱하다**

sit in an _____
안락의자에 앉다

learn how to add and
_____ 덧셈과 **뺄셈**을 배우다

understand the _____
뜻을 이해하다

_____ to go
갈 곳이 없다

an _____ with him
그와의 **면담**

a good _____
살림을 잘하는 **주부**

show _____
감정을 드러내다

have fine _____
팀워크가 좋다

major _____s
주요 **차도**

a _____ writer
유머러스한 작가

a man of _____
사업가

a black _____
검은 **그림자**

a great _____
위대한 **음악가**

almost _____
거의 **확실히**

_____ work at the
hospital 병원에서의 **자원 봉사** 활동

a tall _____
키가 큰 **신사**

I had a skin **disease**.

I want a **bedroom** to myself.

Grandfather naps in his **armchair**.

What is the **meaning** of this sentence?

We had an **interview** with the President.

Sometimes my **emotions** win over my judgement.

Don't stop on the **roadway**.

He is a man of **business**.

He is a famous **musician**.

My grandmother **volunteered** much for the poor.

Butterflies are flying around the flower.

Rats **multiply** rapidly.

Subtract eight from thirteen.

I got lost in the middle of **nowhere**.

She is a teacher, **housewife**, and mother all at once.

Teamwork is necessary to this plan.

He is really **humorous**.

Our **shadows** are on the wall.

He will **certainly** succeed in the examination.

Good morning, ladies and **gentlemen**.

⇒ 피부병에 걸렸다.

⇒ 나 혼자서 쓸 침실이 필요하다.

⇒ 할아버지는 안락의자에서 낮잠을 주무신다.

⇒ 이 문장의 뜻이 무엇입니까?

⇒ 우리는 대통령과 면담했다.

⇒ 나는 때로는 감정이 앞선다.

⇒ 차도에 서 있지 마라.

⇒ 그는 사업가이다.

⇒ 그는 유명한 음악가이다.

⇒ 할머니는 가난한 사람들을 위해 봉사를 많이 하셨다.

⇒ 나비들이 꽃 주위를 날고 있다.

⇒ 쥐는 빨리 번식한다.

⇒ 13에서 8을 빼라.

⇒ 나는 어딘지도 모르는 곳에서 길을 잃었다.

⇒ 그녀는 선생님과 주부와 어머니의 역할을 동시에 하고 있다.

⇒ 이 계획에는 팀워크가 꼭 필요하다.

⇒ 그는 정말 웃긴다.

⇒ 우리들의 그림자가 벽에 비치고 있다.

⇒ 그는 틀림없이 시험에 합격할 것이다.

⇒ 신사 숙녀 여러분, 안녕하십니까?

71 일째 단어를 3번씩 큰소리로 읽으면서 체크하세요.

1401 **viewpoint** [vjúːpɔ̀int] 몡 견해; 관점

1411 **schedule** [skédʒuːl] 몡 시간표, 예정표; 스케줄

1402 **therefore** [ðέərfɔ̀ːr] 튀젭 그런 까닭에, 따라서

1412 **forefinger** [fɔ́ːrfìŋgər] 몡 집게손가락

1403 **language** [læŋgwidʒ] 몡 언어, 말

1413 **traditional** [trədíʃənəl] 몡 전통의, 전통적인

1404 **impressive** [imprésiv] 혱 강한 인상을 주는, 감동적인

1414 **everywhere** [évri(h)wὲər] 튀 어디든지 다, 도처에

1405 **ashamed** [əʃéimd] 혱 부끄러워하는

1415 **collection** [kəlékʃən] 몡 수집

1406 **sensitive** [sénsətiv] 혱 민감한, 예민한

1416 **campaign** [kæmpéin] 몡 운동, 캠페인

1407 **personal** [pə́ːrsənl] 혱 개인의, 개인적인

1417 **awesome** [ɔ́ːsəm] 혱 멋진; 굉장한

1408 **conductor** [kəndʌ́ktər] 몡 안내자; 차장; 지휘자

1418 **remember** [rimémbər] 동 기억하다

1409 **friendship** [fréndʃip] 몡 우정, 친교

1419 **dynasty** [dáinəsti] 몡 (역대) 왕조

1410 **merchant** [mə́ːrtʃənt] 몡 상인

1420 **decorate** [dékərèit] 동 장식하다

294

a religious _____
종교적 **견해**

check my _____
스케줄을 확인하다

I think, _____ I exist.
나는 생각한다, **고로** 나는 존재한다.

cross the _____ and middle finger 집게손가락과 가운데 손가락을 포개다

learn a foreign _____
외국**어**를 배우다

a _____ food
전통 음식

an _____ scene
감동적인 광경

_____ in the world
세계 **어느 곳에서나**

be _____ of being poor
가난을 **부끄러워하다**

an art _____
미술 **소장품**

a _____ ear
예민한 귀

an election _____
선거 **운동**

a _____ opinion
개인적인 의견

an _____ sight
엄청난 광경

a guest _____
객원 **지휘자**

_____ his name
그의 이름을 **기억하다**

_____ between you and me 너와 나의 **우정**

establish a _____
왕조를 세우다

the _____ of Venice
베니스의 **상인**

_____ a room
방을 **꾸미다**

There is a wide gap between the **viewpoints** of the two.

I was ill, **therefore** I could not go.

English is an international **language**.

The movie was very **impressive**.

I was **ashamed** of my deed.

The eye is **sensitive** to light.

It's for my **personal** use.

The **conductor** put me inside the bus.

I hope our **friendship** will last forever.

The **merchant** has his store in the center of the city.

This is our class **schedule**.

The **forefinger** is the first finger.

Hanbok is a Korean **traditional** dress.

It can be seen **everywhere** in the world.

He has a big **collection** of antiques.

I must take part in the 'Save the Earth' **campaign**.

His strength was **awesome**.

I can't **remember** his name.

The war broke out during the Tudor **dynasty**.

The girl is **decorating** the tree.

➡ 두 사람의 견해에는 큰 차이가 있다.

➡ 나는 아파서 갈 수 없었다.

➡ 영어는 국제어이다.

➡ 그 영화는 매우 인상적이었다.

➡ 나는 나의 행동이 부끄러웠다.

➡ 눈은 빛에 민감하다.

➡ 그것은 내 개인용 물건이다.

➡ 차장은 나를 버스 안쪽으로 끌어들였다.

➡ 우리들의 우정이 영원히 계속되기를 바란다.

➡ 그 상인은 도시의 중심지에 상점을 가지고 있다.

➡ 이것은 우리 반의 수업 시간표이다.

➡ 집게손가락은 첫 번째 손가락이다.

➡ 한복은 한국의 전통 의상이다.

➡ 그것은 세계 어느 곳에서나 볼 수 있다.

➡ 그는 골동품을 많이 수집했다.

➡ 나는 '지구 살리기' 캠페인에 참여해야 한다.

➡ 그의 힘은 무시무시했다.

➡ 나는 그의 이름을 기억할 수 없다.

➡ 그 전쟁은 튜더 왕조 시대에 일어났다.

➡ 소녀가 나무를 장식하고 있다.

1421	**expensive** [ikspénsiv] 형 값비싼	1431	**exercise** [éksərsàiz] 명 운동; 연습, 연습문제
1422	**pollution** [pəlúːʃən] 명 오염	1432	**umbrella** [ʌmbrélə] 명 우산
1423	**character** [kǽriktər] 명 성격; 특성; 등장인물	1433	**swimsuit** [swímsùːt] 명 수영복
1424	**instructor** [instrʌ́ktər] 명 교사	1434	**surprising** [sərpráiziŋ] 형 놀라운
1425	**operation** [àpəréiʃən] 명 작용; 작동; 수술	1435	**national** [nǽʃənəl] 형 국가의, 국립의
1426	**continent** [kántinənt] 명 대륙	1436	**respect** [rispékt] 동 존경하다; 존중하다
1427	**homeless** [hóumlis] 형 집 없는 명 노숙자들	1437	**together** [təgéðər] 부 함께, 같이
1428	**improve** [imprúːv] 동 개량[개선]하다; 나아지다	1438	**escape** [iskéip] 동 달아나다 명 도망
1429	**waterfall** [wɔ́ːtərfɔ̀ːl] 명 폭포	1439	**servant** [sə́ːrvənt] 명 하인, 부하
1430	**compact** [kəmpǽkt] 형 소형의	1440	**overflow** [òuvərflóu] 동 넘치다 명 과잉

an _____ car
비싼 자동차

a hard _____
심한 **연습**

environmental _____
환경**오염**

carry an _____
우산을 들고 다니다

a good _____
좋은 **성격**

a one-piece _____
원피스 **수영복**

a driving _____
운전 **강사**

_____ news
놀라운 소식

the _____ of elevators
엘리베이터의 **작동**

the _____ park
국립공원

the European _____
유럽 **대륙**

_____ my parents
부모님을 **존경하다**

a _____ child
집 없는 아이

go to school _____
함께 학교에 가다

_____ my English
영어를 **향상시키다**

an _____ from prison
탈옥

the _____ above the
bridge 다리 위의 **폭포**

an old _____
나이 든 **하인**

a _____ car
소형 자동차

an _____ of population
인구 **과잉**

This book is not **expensive**.

Pollution is killing many animals today.

Hamlet is a **character** in the play.

She is a driving **instructor**.

I regained my sight after the **operation**.

The Pacific is bigger than the **continent** of Asia.

They gave blankets to the **homeless**.

You must **improve** your reading.

I took a photograph of the beautiful **waterfalls**.

I love my **compact** office in Washington.

Swimming is good **exercise**.

She has an **umbrella** in her hand.

You have to wear a **swimsuit** in the pool.

That is a **surprising** event.

That is the **national** flag of Korea.

Our teacher is **respected** by every pupil.

We went shopping **together**.

His **escape** was made at night.

He has two **servants**.

The river **overflowed** its bank.

→ 이 책은 비싸지 않다.

→ 오늘날 오염으로 인해 많은 동물들이 죽고 있다.

→ 햄릿은 연극 속의 인물이다.

→ 그녀는 운전강사이다.

→ 나는 수술 후 시력을 되찾았다.

→ 태평양은 아시아 대륙보다 더 크다.

→ 그들은 노숙자들에게 담요를 주었다.

→ 너는 읽는 법을 개선해야 한다.

→ 나는 아름다운 폭포의 사진을 찍었다.

→ 나는 워싱턴에 있는 나의 아담한 사무실을 좋아한다.

→ 수영은 좋은 운동이다.

→ 그녀는 손에 우산을 들고 있다.

→ 수영장에서는 수영복을 입어야 한다.

→ 그것은 뜻밖의 사건이다.

→ 저것이 한국의 국기이다.

→ 우리 선생님은 모든 학생의 존경을 받고 있다.

→ 우리는 함께 물건을 사러 갔다.

→ 그는 밤에 도망쳤다.

→ 그는 두 명의 하인이 있다.

→ 강이 둑을 넘쳐흘렀다.

1441
channel
[tʃǽnl] 몡 해협; 채널

1442
electric
[iléktrik] 혱 전기의

1443
pollute
[pəlúːt] 통 더럽히다, 오염시키다

1444
curious
[kjúəriəs] 혱 호기심 있는; 진기한

1445
earthquake
[ə́ːrθkwèik] 몡 지진

1446
protect
[prətékt] 통 지키다, 보호하다

1447
question
[kwéstʃən] 몡 질문, 문제

1448
yesterday
[jéstərdèi] 몡 어제

1449
weekend
[wíːkènd] 몡 주말

1450
weekday
[wíːkdèi] 몡혱 평일(의)

1451
tomorrow
[təmɔ́ːrou] 몡 내일

1452
vacation
[veikéiʃən] 몡 휴가, 방학

1453
neighbor
[néibər] 몡 이웃, 이웃 사람

1454
physical
[fízikəl] 혱 육체의

1455
classroom
[klǽsrùːm] 몡 교실

1456
postcard
[póustkàːrd] 몡 우편엽서

1457
rectangle
[réktæŋɡəl] 몡 직사각형

1458
sunshine
[sʌ́nʃàin] 몡 햇빛, 양지

1459
forward
[fɔ́ːrwərd] 児 앞으로

1460
perform
[pərfɔ́ːrm] 통 행하다

change _____
채널을 바꾸다

_____ evening
내일 저녁

an _____ heater
전기 히터

the summer _____
여름휴가

_____ young people
젊은이들을 타락시키다

talk with a _____
이웃과 이야기하다

a _____ sight
기이한 광경

_____ labor
육체노동

a big _____
대지진

come into a _____
교실에 들어가다

_____ a child
아이를 보호하다

a picture _____
그림엽서

ask a _____
질문하다

draw a _____
직사각형을 그리다

the day before _____
그저께

warm _____
따뜻한 햇볕

a nice _____
즐거운 주말

a step _____
한 걸음 앞으로

_____ opening hours
평일의 개장 시간

_____ a ceremony
의식을 거행하다

What programs does this cable **channel** offer?

He played the **electric** guitar.

They can **pollute** the environment.

He is **curious** about everything.

We had an **earthquake** last night.

She wore sunglasses to **protect** her eyes from the sun.

Do you have any **questions**?

He left Seoul the day before **yesterday**.

What are you going to do this **weekend**?

This shop is open every **weekday**.

I am going to leave **tomorrow**.

He is on **vacation**.

He is my **neighbor**.

Physical exercise develops muscle.

My **classroom** is on the third floor.

I got a **postcard** from my uncle.

The school ground was a large **rectangle**.

The children are playing in the **sunshine**.

She looked **forward**.

He has **performed** all his duties.

➡ 이 케이블 채널은 어떤 프로그램을 제공합니까?

➡ 그는 전기 기타를 연주했다.

➡ 그것들은 환경을 오염시킬 수 있다.

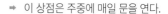

➡ 그는 모든 것에 호기심이 있다.

➡ 어젯밤에 지진이 있었다.

➡ 그녀는 햇빛으로부터 그녀의 눈을 보호하기 위해 선글라스를 썼다.

➡ 질문 있습니까?

➡ 그는 그저께 서울을 떠났다.

➡ 이번 주말에 뭘 할 거니?

➡ 이 상점은 주중에 매일 문을 연다.

➡ 나는 내일 떠날 것이다.

➡ 그는 휴가 중이다.

➡ 그는 나의 이웃이다.

➡ 운동을 하면 근육이 발달된다.

➡ 내 교실은 3층에 있다.

➡ 삼촌으로부터 엽서를 받았다.

➡ 학교 운동장은 커다란 직사각형이었다.

➡ 어린이들은 양지에서 놀고 있다.

➡ 그녀는 앞을 바라보았다.

➡ 그는 그의 의무를 다했다.

1461 **healthy**
[hélθi] 형 건강한

1462 **instead**
[instéd] 부 그 대신에

1463 **western**
[wéstərn] 형 서쪽의; 서양의

1464 **museum**
[mju:zíːəm] 명 박물관; 미술관

1465 **delicious**
[dilíʃəs] 형 맛있는, 맛난

1466 **bookstore**
[búkstɔ̀ːr] 명 서점, 책방

1467 **storybook**
[stɔ́ːribùk] 명 동화책

1468 **wonderful**
[wʌ́ndərfəl] 형 훌륭한, 멋진

1469 **interesting**
[íntəristiŋ] 형 흥미 있는, 재미있는

1470 **exciting**
[iksáitiŋ] 형 흥분시키는, 재미있는

1471 **elephant**
[éləfənt] 명 코끼리

1472 **excellent**
[éksələnt] 형 우수한

1473 **mountain**
[máuntən] 명 산 (줄임말 Mt.)

1474 **grandparent**
[grǽndpɛ̀ərənt] 명 조부모

1475 **grandfather**
[grǽndfàːðər] 명 할아버지

1476 **newspaper**
[njúːzpèipər] 명 신문, 신문지

1477 **magazine**
[mæ̀gəzíːn] 명 잡지

1478 **homework**
[hóumwə̀ːrk] 명 숙제

1479 **homesick**
[hóumsik] 형 향수병의

1480 **policeman**
[pəlíːsmən] 명 경관, 순경

a _____ body
건강한 몸

an African _____
아프리카 코끼리

_____ of my mother
어머니 대신에

an _____ secretary
우수한 비서

_____ style
서양식

a high _____
높은 산

a science _____
과학박물관

live with one's
_____ s 조부모와 함께 살다

a _____ apple
맛있는 사과

_____ and
granddaughter 할아버지와 손녀

a big _____
큰 서점

deliver _____ s
신문을 배달하다

read a _____
동화책을 읽다

a fashion _____
패션 잡지

a _____ story
놀라운 이야기

help a boy with his
_____ 소년의 숙제를 도와주다

an _____ book
흥미로운 책

_____ Korean soldiers
향수병에 시달리는 한국 병사들

an _____ game
재미있는 경기

a kind _____
친절한 경찰관

307

He is **healthy**.

He ate an apple **instead** of an orange.

He lives in the **western** part of this city.

We visited the national **museum**.

Mother cooked **delicious** food.

There is a **bookstore** near my house.

Tom Sawyer is a famous **storybook**.

We are having a **wonderful** time.

The game is very **interesting**.

The game was **exciting**.

An **elephant** has a long nose.

Mother is in **excellent** health.

At last they reached the top of the **mountain**.

I visited my **grandparents**.

Grandfather put his glasses in a case.

Father is reading the **newspaper**.

He is reading a **magazine**.

I didn't do my **homework** yet.

They felt **homesick**.

The **policeman** ran after the thief.

⇒ 그는 건강하다.

⇒ 그는 오렌지 대신에 사과를 먹었다.

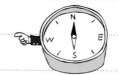

⇒ 그는 이 도시의 서부에 살고 있다.

⇒ 우리는 국립 박물관을 방문했다.

⇒ 어머니는 맛있는 음식을 요리하셨다.

⇒ 나의 집 근처에 서점이 하나 있다.

⇒ 톰 소여는 유명한 이야기책이다.

⇒ 우리는 아주 멋진 시간을 보내고 있다.

⇒ 그 시합은 매우 재미있다.

⇒ 그 경기는 매우 재미있었다.

⇒ 코끼리는 코가 길다.

⇒ 어머님의 건강은 아주 좋다.

⇒ 마침내 그들은 그 산의 정상에 도착했다.

⇒ 나는 조부모님 댁을 방문했다.

⇒ 할아버지께서는 안경을 안경집에 넣으셨다.

⇒ 아버지는 신문을 읽고 계신다.

⇒ 그는 잡지를 읽고 있다.

⇒ 나는 아직 나의 숙제를 하지 않았다.

⇒ 그들은 집을 그리워 했다.

⇒ 순경은 도둑의 뒤를 쫓았다.

1481 **someday** [sʌ́mdèi] 뿐 언젠가	1491 **volleyball** [válibɔ̀:l] 몡 배구
1482 **sometimes** [sʌ́mtàimz] 뿐 때때로	1492 **invitation** [ìnvətéiʃən] 몡 초대
1483 **understand** [ʌ̀ndərstǽnd] 통 이해하다	1493 **education** [èdʒukéiʃən] 몡 교육
1484 **foreigner** [fɔ́:rinər] 몡 외국인	1494 **celebrate** [séləbrèit] 통 축하하다, (의식) 거행하다
1485 **scientist** [sáiəntist] 몡 과학자	1495 **difference** [dífərəns] 몡 다름, 차이
1486 **introduce** [ìntrədjú:s] 통 소개하다	1496 **president** [prézidənt] 몡 대통령; 총재, 회장, 총장
1487 **restaurant** [réstərənt] 몡 음식점, 레스토랑	1497 **company** [kʌ́mpəni] 몡 회사
1488 **activity** [æktívəti] 몡 활동	1498 **mystery** [místəri] 몡 신비, 불가사의한 것
1489 **basketball** [bǽskitbɔ̀:l] 몡 농구	1499 **detective** [ditéktiv] 몡혱 탐정(의)
1490 **baseball** [béisbɔ̀:l] 몡 야구	1500 **vegetable** [védʒətəbl] 몡 채소

310

_____ soon
언젠가 조만간

play _____
배구를 하다

_____ play the violin
때때로 바이올린을 켜다

a letter of _____
초대장

_____ the explanation
설명을 이해하다

special _____
특수 교육

a tall _____
키가 큰 외국인

_____ New Year
신년을 축하하다

a great _____
위대한 과학자

a big _____
큰 차이

_____ my friend
내 친구를 소개하다

the _____ of Korea
한국 대통령

eat at a _____
식당에서 식사를 하다

work for a _____
회사에서 일하다

club _____ es
클럽 활동

the _____ es of nature
자연의 신비

play street _____
길거리 농구를 하다

a private _____
사립 탐정

a _____ game
야구 경기

a _____ diet
채식

Someday he will come back.

She **sometimes** goes with us.

Do you **understand**?

Do you know who that **foreigner** is?

I want to be a **scientist**.

May I **introduce** my sister to you?

I met my cousin at a **restaurant**.

After school, I take part in extracurricular **activities**.

I prefer **basketball** to baseball.

I spend every Saturday playing **baseball**.

I play both tennis and **volleyball**.

Thank you for your **invitation**.

Education begins with a man's birth.

We **celebrated** her birthday.

It doesn't make any **difference**.

We chose him **president** of our club.

My brother goes to his **company** every day.

He is a riddle wrapped in a **mystery**.

I like reading **detective** stories.

These are fresh **vegetables**.

➡ 언젠가 그는 돌아올 것이다.

➡ 그녀는 때때로 우리와 같이 간다.

➡ 이해하시겠습니까?

➡ 저 외국인이 누구인지 아십니까?

➡ 나는 과학자가 되고 싶다.

➡ 제 누이동생을 소개해 드릴까요?

➡ 나는 음식점에서 나의 사촌을 만났다.

➡ 방과 후에는 특별 활동에 참여한다.

➡ 나는 야구보다는 농구를 더 좋아한다.

➡ 나는 매주 토요일을 야구로 보낸다.

➡ 나는 테니스와 배구를 한다.

➡ 초대해 주셔서 감사합니다.

➡ 교육은 사람의 출생과 함께 시작된다.

➡ 우리는 그녀의 생일을 축하했다.

➡ 그것은 별로 중요하지 않다.

➡ 우리는 그를 우리 클럽의 회장으로 선출했다.

➡ 형님은 매일 회사에 나간다.

➡ 그는 신비에 싸인 수수께끼 같은 사람이다.

➡ 나는 탐정 소설 읽는 것을 좋아해.

➡ 이것들은 신선한 채소이다.

1501	**frighten** [fráitn] ⑧ 놀라게 하다, 무섭게 하다	1511	**carefully** [kέərfəli] ⑨ 주의 깊게, 조심스럽게
1502	**container** [kəntéinər] ⑲ 그릇; 용기	1512	**actual** [ǽktʃuəl] ⑱ 현실의; 현재의
1503	**disabled** [diséibld] ⑱ 불구가 된; 고장 난	1513	**priceless** [práislis] ⑱ 아주 귀중한
1504	**regularly** [régjələrli] ⑨ 정기적으로	1514	**darkness** [dάːrknis] ⑲ 암흑
1505	**probably** [prάbəbli] ⑨ 아마도, 다분히	1515	**separate** [sépərèit] ⑧ 분리하다, 가르다
1506	**newcomer** [njúːkʌ̀mər] ⑲ 새로 온 사람	1516	**complain** [kəmpléin] ⑧ 불평하다; 호소하다
1507	**nowadays** [náuədèiz] ⑨ 현재에는, 요즘은	1517	**exchange** [ikstʃéindʒ] ⑧ 교환하다, 바꾸다
1508	**invention** [invénʃən] ⑲ 발명(품)	1518	**fisherman** [fíʃərmən] ⑲ 어부; 낚시꾼
1509	**single** [síŋgl] ⑱ 단 하나의; 독신의	1519	**religious** [rilídʒəs] ⑱ 종교의; 신앙의
1510	**boastful** [bóustfəl] ⑱ 자랑하는	1520	**resource** [ríːsɔːrs] ⑲ 자원

_____ a cat away
고양이를 **놀라게** 하여 쫓다

listen _____
주의 깊게 듣다

a plastic _____
플라스틱 **용기**

an _____ person
실재 인물

parking spaces for the
_____ **장애인** 주차 공간

_____ jewels
대단히 귀중한 보석

write a diary _____
매일 일기를 쓰다

during the hours of
_____ **밤** 동안에

_____ right
아마도 옳은

_____ cream from milk
우유에서 크림을 **분리하다**

a promising _____
유망한 **신참**

_____ about bad food
형편없는 음식에 대해 **불평하다**

the youth _____
요즘의 청년들

_____ presents
선물을 **교환하다**

make an _____
발명하다

a _____'s boat
낚싯배

a _____ bed
일인용 침대

a _____ book
종교 서적

_____ talk
자화자찬의 말

agricultural _____s
농업 자원

315

I **frightened** her in the dark.

The **container** is full of corn.

She tried to cheer up the **disabled**.

I take music lessons **regularly**.

It will **probably** rain.

We are friends with the **newcomer**.

He looks tired in class **nowadays**.

Necessity is the mother of **invention**.

She is **single**.

He is **boastful** about his house.

Look at the picture **carefully**.

He doesn't know your **actual** state.

Good health is **priceless**.

A bat likes **darkness**.

She and I **separated** a year ago.

He is always **complaining**.

Won't you **exchange** this record for that one?

The **fisherman** launched off by himself.

She is very **religious**.

The country is rich in natural **resources**.

→ 나는 어둠 속에서 그녀를 놀라게 했다.

→ 그 그릇에는 옥수수가 가득 들어있다.

→ 그녀는 불구가 된 사람들을 격려하려고 노력했다.

→ 나는 음악 교습을 정기적으로 받는다.

→ 아마 비가 올 것이다.

→ 새로 온 사람과 우리는 친하다.

→ 그는 요즘 수업에 지친 듯 보인다.

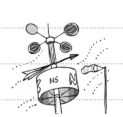

→ 필요는 발명의 어머니.<속담>

→ 그녀는 독신이다.

→ 그는 자기 집을 자랑한다.

→ 그 사진을 주의 깊게 보아라.

→ 그는 너의 현재 상황을 모른다.

→ 좋은 건강은 아주 귀중하다.

→ 박쥐는 어둠을 좋아한다.

→ 그녀와 나는 1년 전 별거에 들어갔다.

→ 그는 언제나 불평을 한다.

→ 이 레코드를 저것과 바꿔주시지 않겠어요?

→ 그 어부는 혼자서 고기를 잡으러 갔다.

→ 그녀는 신앙심이 매우 깊다.

→ 그 나라는 천연 자원이 풍부하다.

1521 **customer** [kʌ́stəmər] 몡 (가게의) 손님, 고객	1531 **underline** [ʌ̀ndərláin] 동 ~의 밑에 선을 긋다
1522 **dictionary** [díkʃənèri] 몡 사전	1532 **ordinary** [ɔ́:rdəneri] 형 일상의, 보통의
1523 **private** [práivit] 형 사적인, 사립의; 비밀의	1533 **mathematics** [mæ̀θəmǽtiks] 몡 수학 (줄임말 math)
1524 **plain** [plein] 형 명백한, 알기 쉬운	1534 **kindergarten** [kíndərgàːrtn] 몡 유치원
1525 **particular** [pərtíkjələr] 형 특별한, 특정의	1535 **congratulation** [kəngrætʃəléiʃən] 몡 축하; 축사
1526 **difficulty** [dífikʌlti] 몡 곤란; 어려움	1536 **housework** [háuswə̀ːrk] 몡 집안일, 가사
1527 **entrance** [éntrəns] 몡 입구; 입학	1537 **refrigerator** [rifrídʒərèitər] 몡 냉장고
1528 **response** [rispáns] 몡 응답, 대답	1538 **blackboard** [blǽkbɔ̀ːrd] 몡 칠판
1529 **youngster** [jʌ́ŋstər] 몡 젊은이	1539 **appearance** [əpíərəns] 몡 출현; 출연; 외모
1530 **assistant** [əsístənt] 몡 조수, 보조자 형 보조의	1540 **ambulance** [ǽmbjuləns] 몡 구급차, 앰뷸런스

a regular _____

단골손님

an _____ed part

밑줄 친 부분

an English-Korean__

_____ 영한사전

_____ people

보통 사람들

a _____ school

사립학교

study _____

수학을 공부하다

a _____ fact

명백한 사실

a _____ teacher

유치원 교사

in this _____ case

특히 이 경우는

wedding _____s

결혼 축사

learning _____es

학습의 어려움

busy with _____

집안일로 바쁜

the front _____

정면 입구

put in a _____

냉장고에 넣다

give a _____

대답하다

wipe the _____

칠판을 지우다

a promising _____

유망한 젊은이

a TV _____

TV 출연

an _____ driver

운전 조수

call an _____

구급차를 부르다

319

The **customer** is always right.

This book is a **dictionary**.

I received a very **private** letter from him.

He wrote in **plain** English.

I have nothing **particular** to do now.

I appreciate your **difficulty**.

I passed a university **entrance** exam.

She made no **response**.

She is still only a **youngster**.

I'm working as an **assistant** editor.

Translate the **underlined** parts into Korean.

He isn't any **ordinary** student.

I studied **mathematics** last night.

Every morning the mothers see their children to the **kindergarten**.

I express my **congratulations**.

She is very quick about her **housework**.

Put the meat in the **refrigerator**.

Tom wrote his name on the **blackboard**.

He compared their **appearances**.

Please send an **ambulance** right away!

➡ 손님은 언제나 옳다[고객은 왕이다].

➡ 이 책은 사전이다.

➡ 나는 그에게서 극히 비밀스런 편지를 받았다.

➡ 그는 쉬운 영어로 썼다.

➡ 지금 해야 할 특별한 일은 없다.

➡ 나는 네 어려움을 이해한다.

➡ 나는 대학 입학시험에 합격했다.

➡ 그녀는 응답이 없었다.

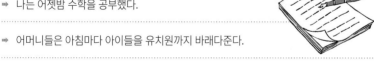

➡ 그녀는 아직 젊은이에 지나지 않는다.

➡ 나는 편집 보조로서 일하고 있다.

➡ 밑줄 친 부분을 한국어로 번역하시오.

➡ 그는 여느 평범한 학생이 아니다.

➡ 나는 어젯밤 수학을 공부했다.

➡ 어머니들은 아침마다 아이들을 유치원까지 바래다준다.

➡ 축하드립니다.

➡ 그녀는 집안일을 빠르게 해치운다.

➡ 고기를 냉장고에 넣어라.

➡ 탐은 그의 이름을 칠판에 썼다.

➡ 그는 그들의 외모를 비교했다.

➡ 지금 즉시 앰뷸런스를 보내 주십시오!

1541 successful [səksésfəl] 형 성공한	**1551 somewhere** [sʌ́m(h)wɛ̀ər] 부 어딘지, 어딘가에
1542 impossible [impάsəbl] 형 불가능한	**1552 appetizing** [ǽpitàiziŋ] 형 식욕을 돋우는
1543 disappear [dìsəpíər] 동 사라지다	**1553 disgusting** [disɡʌ́stiŋ] 형 구역질나는, 정말 싫은
1544 opposite [άpəzit] 형 맞은편의 전 ~의 맞은편에	**1554 necessary** [nésəsèri] 형 필요한
1545 hometown [hóumtàun] 명 고향	**1555 experiment** [ikspérəmənt] 명 실험
1546 playground [pléiɡràund] 명 놀이터	**1556 emergency** [imə́ːrdʒənsi] 명 비상[돌발]사태
1547 elementary [èləméntəri] 형 초보의, 초등의	**1557 participate** [pɑːrtísəpèit] 동 참가하다
1548 community [kəmjúːnəti] 명 공동체, 지역사회	**1558 appreciate** [əpríːʃièit] 동 평가하다; 감사하다
1549 electricity [ilèktrísəti] 명 전기	**1559 instrument** [ínstrəmənt] 명 도구; 악기
1550 adventure [ædvéntʃər] 명 모험	**1560 information** [ìnfərméiʃən] 명 정보; 지식

a _____ result
성공적인 결과

_____ around here
이 근처 **어디에**

an _____ plan
불가능한 계획

an _____ smell
식욕을 돋우는 냄새

_____ from view
시야에서 **사라지다**

a _____ smell
메스꺼운 냄새

the _____ sex
이성

be _____ for daily life
일상생활에 **필요하다**

return to my _____
나의 **고향**으로 돌아가다

a chemical _____
화학 **실험**

a school _____
학교 **놀이터**

a state of _____
비상사태

_____ knowledge of
grammar 문법의 **기초** 지식

_____ in a debate
토론에 **참가하다**

a _____ school
지역사회 학교

_____ good wine
좋은 포도주를 **음미하다**

the generation of _____
전기의 발생

writing _____ s
필기**도구**

_____ stories
모험 소설

useful _____
유용한 **정보**

323

His attempt to ride a horse was **successful**.

It's almost **impossible** to finish my homework today.

The sun **disappeared** behind the clouds.

The library is **opposite** the school.

Where is your **hometown**?

There are many kids in the **playground**.

He didn't even finish **elementary** school.

He's well liked by people in the **community**.

The **electricity** has gone off.

He had many **adventures** in Africa.

She lives **somewhere** around here.

Appetizing food always smells delicious.

His behavior at the party was **disgusting**.

Food is **necessary** for life.

I was excited about the **experiment**.

Our plane made an **emergency** landing.

All personnel were asked to **participate**.

I **appreciate** your kindness.

The shop sells musical **instruments**.

I have no **information** about it.

⇒ 말을 타려는 그의 시도는 성공적이었다.

⇒ 오늘 숙제 끝마치기가 거의 불가능하다.

⇒ 태양이 구름 뒤로 사라졌다.

⇒ 도서관은 학교 맞은편에 있다.

⇒ 고향이 어디신가요?

⇒ 놀이터에 많은 아이들이 있다.

⇒ 그는 초등학교도 나오지 않았다.

⇒ 그는 지역 주민들에게 사랑을 받고 있다.

⇒ 전기가 나갔다.

⇒ 그는 아프리카에서 많은 모험을 했다.

⇒ 그녀는 이 근방 어딘가에 살고 있다.

⇒ 식욕을 돋우는 음식은 언제나 맛있는 냄새가 난다.

⇒ 그 모임에서 그가 보인 행동은 혐오스러웠다.

⇒ 음식은 살아가는 데 꼭 필요하다.

⇒ 나는 그 실험에 흥미를 느꼈다.

⇒ 우리 비행기는 비상 착륙을 했다.

⇒ 전 직원이 참가 요청을 받았다.

⇒ 부탁을 들어주셔서 감사합니다.

⇒ 그 가게는 악기들을 판다.

⇒ 나는 그것에 대해서는 아무 정보도 없다.

1561
department
[dipá:rtmənt] 명 (회사 등의) 부, 부문

1562
convenient
[kənví:njənt] 형 편리한

1563
ingredient
[ingrí:diənt] 명 성분; 재료

1564
nuclear
[n(j)ú:kliər] 형 핵의; 원자핵의

1565
normal
[nɔ́:rməl] 형 표준의, 평균의, 정상 상태의

1566
intonation
[intənéiʃən] 명 억양

1567
production
[prədʌ́kʃən] 명 생산; 제조

1568
expression
[ikspréʃən] 명 표현; 표정

1569
scold
[skould] 동 꾸짖다

1570
population
[pàpjəléiʃən] 명 인구

1571
satisfy
[sǽtisfai] 동 만족시키다

1572
experience
[ikspíəriəns] 명 경험

1573
retire
[ritáiər] 동 물러가다; 은퇴하다

1574
permission
[pərmíʃən] 명 허가, 면허

1575
economics
[ì:kənámiks] 명 <단수> 경제학

1576
technology
[teknálədʒi] 명 공업[과학] 기술

1577
equipment
[ikwípmənt] 명 장비; 비품

1578
unification
[jù:nəfikéiʃən] 명 통일; 통합

1579
destination
[dèstənéiʃən] 명 (여행 등의) 목적지

1580
environment
[inváiərənmənt] 명 (자연) 환경

a sales _____
영업**부**

_____ one's hunger
공복을 **채우다**

a _____ appliance
편리한 기구

a good _____
좋은 **경험**

the main _____s
주요 **성분**

_____ before the enemy
적 앞에서 **퇴각하다**

_____ weapons
핵무기

official _____
정식 **허가**

a _____ condition
정상 상태

a doctor of _____
경제학 박사

_____ patterns
억양 형태

new computer _____es 새로운 컴퓨터 **기술**

oil _____
석유 **생산**

sports _____
스포츠 **용품**

freedom of _____
표현의 자유

the _____ of Germany
독일의 **통일**

_____ a student for being late 지각했다고 학생을 **꾸짖다**

a vacation _____
휴양**지**

increase in _____
인구가 늘다

protect the _____
환경을 보호하다

He administers a sales **department** of the company.

He lives in a **convenient** house.

Mix all the **ingredients** in a bowl.

They started **nuclear** bomb tests.

Hot weather is **normal** for the summer.

His **intonation** is different from mine.

Production is on the increase.

His face wore an angry **expression**.

He **scolded** me for being late.

The total **population** of Seoul is about ten million.

The meal **satisfied** him.

He has much **experience** as a teacher.

He **retired** to the country.

You have my **permission** to go.

She is studying **economics**.

Science has contributed much to modern **technology**.

Get the **equipment** ready for use.

Our hope is Korea's **unification**.

The ship hasn't arrived at its **destination** yet.

Environment is a potent influence on character.

➡ 그는 그 회사의 영업부를 관리한다.

➡ 그는 편리한 집에서 산다.

➡ 모든 재료들을 한 그릇에 섞어라.

➡ 그들은 핵폭탄 실험을 개시했다.

➡ 여름에는 더운 날씨가 정상이다.

➡ 그의 억양은 나와 다르다.

➡ 생산은 증가하고 있다.

➡ 그는 성난 표정을 짓고 있었다.

➡ 그는 내가 지각한 것을 꾸짖었다.

➡ 서울의 총인구는 약 천만이다.

➡ 그는 그 식사에 만족했다.

➡ 그는 교사로서의 경험이 풍부하다.

➡ 그는 시골로 은둔하였다.

➡ 너는 가도 된다.

➡ 그녀는 경제학을 공부하고 있다.

➡ 과학은 현대 과학기술에 많은 기여를 했다.

➡ 장비를 곧 쓸 수 있도록 준비해 두어라.

➡ 우리의 소원은 한국의 통일이다.

➡ 배는 아직 목적지에 도착하지 않았다.

➡ 환경은 성격에 큰 영향을 미친다.

| 1581 | **appointment** |
| | [əpɔ́intmənt] 몡 약속 |

| 1591 | **pretend** |
| | [priténd] 동 ~하는 체하다 |

| 1582 | **recognize** |
| | [rékəgnàiz] 동 ~을 알아보다 |

| 1592 | **introduction** |
| | [intrədʌ́kʃən] 몡 소개 |

| 1583 | **punish** |
| | [pʌ́niʃ] 동 벌주다, 징계하다 |

| 1593 | **professor** |
| | [prəfésər] 몡 (대학의) 교수 |

| 1584 | **spaceship** |
| | [spéisʃip] 몡 우주선 |

| 1594 | **transportation** |
| | [trænspərtéiʃən] 몡 운송, 수송 |

| 1585 | **telescope** |
| | [téləskòup] 몡 망원경 |

| 1595 | **temperature** |
| | [témpərətʃuər] 몡 온도; 체온 |

| 1586 | **international** |
| | [intərnǽʃənəl] 형 국제적인, 국제간의 |

| 1596 | **performance** |
| | [pərfɔ́ːrməns] 몡 연기 |

| 1587 | **descendant** |
| | [diséndənt] 몡 자손, 후예 |

| 1597 | **pronunciation** |
| | [prənʌ̀nsiéiʃən] 몡 발음 |

| 1588 | **development** |
| | [divéləpmənt] 몡 발달, 발전 |

| 1598 | **conversation** |
| | [kànvərséiʃən] 몡 대화, 회화 |

| 1589 | **professional** |
| | [prəféʃənəl] 형 전문적인 |

| 1599 | **independence** |
| | [indipéndəns] 몡 독립, 자립 |

| 1590 | **inexpensive** |
| | [inikspénsiv] 형 값싼 |

| 1600 | **communication** |
| | [kəmjùːnəkéiʃən] 몡 전달, 통신 |

an _____ for an
interview 면접 약속

_____ to know
아는 체하다

_____ an old friend
옛 친구를 **알아보다**

an _____ to a book
책의 **서문**

be _____ed for stealing
도둑질하여 **벌을 받다**

a university _____
대학 **교수**

a _____ to the moon
달에 가는 **우주선**

air _____
비행기 **수송**

look through a _____
망원경으로 보다

have a high _____
열이 높다

_____ trade
국제 무역

cancel a _____
공연을 취소하다

a direct _____
직계 **자손**

a standard _____
표준 **발음**

economic _____
경제 **발전**

a friendly _____
친밀한 **대화**

a _____ golfer
프로 골퍼

a life of _____
독립된 생활

an _____ vacation
package **값싼** 여행 상품

a means of _____
통신 수단

I have an **appointment** with the dentist.

I **recognized** him immediately.

He was **punished** for being late.

Sometime we will travel into space by **spaceship**.

I have a **telescope**.

English is an **international** language.

He has no **descendants**.

We must await further **developments**.

I watched the **professional** baseball game on TV.

Dry cleaning is **inexpensive** and fast.

She **pretended** not to know me.

He had no regular **introduction**.

She was appointed **professor**.

No **transportation** is available to the village.

The room **temperature** is 25°C.

The **performance** affected me deeply.

His English **pronunciation** is awful.

He was having a **conversation** with a priest.

When did America win her **independence** from England?

All **communications** are still down.

➡ 치과 의사 선생님과 예약이 있다.

➡ 나는 즉시 그를 알아보았다.

➡ 그는 지각해서 벌을 받았다.

➡ 언젠가 우리는 우주선을 타고 우주를 여행할 것이다.

➡ 나는 망원경을 가지고 있다.

➡ 영어는 국제어이다.

➡ 그는 후손이 없다.

➡ 우리는 앞으로의 진전을 기다려야 한다.

➡ 나는 TV로 프로야구 경기하는 것을 보았다.

➡ 드라이클리닝은 싸고 빠르다.

➡ 그녀는 나를 모르는 체했다.

➡ 그 사람에게는 정식 소개가 없었다.

➡ 그녀는 교수로 임명되었다.

➡ 그 마을로 가는 교통수단은 아무 것도 없다.

➡ 실내 온도는 25℃이다.

➡ 그 연기는 내게 깊은 감명을 주었다.

➡ 그의 영어 발음은 형편없다.

➡ 그는 목사와 대화를 하고 있었다.

➡ 미국은 언제 영국으로부터 독립했습니까?

➡ 모든 통신은 아직도 두절이다.

 영어의 단축형

① -n't

aren't	←	are not	isn't	←	is not
wasn't	←	was not	weren't	←	were not
don't	←	do not	doesn't	←	does not
didn't	←	did not	can't	←	can not, cannot
mustn't	←	must not	won't	←	will not
haven't	←	have not	hasn't	←	has not
couldn't	←	could not	shouldn't	←	should not
hadn't	←	had not			

② -'m

I'm	←	I am

③ -'re

you're	←	you are	we're	←	we are
they're	←	they are			

④ -'s

he's	←	he is, he has	she's	←	she is, she has
it's	←	it is, it has	that's	←	that is, that has

here's	← here is	there's	← there is
what's	← what is	who's	← who is
where's	← where is	how's	← how is

⑤ –'ll

I'll	← I will	you'll	← you will
he'll	← he will	it'll	← it will
we'll	← we will	they'll	← they will
that'll	← that will	there'll	← there will

⑥ –'ve

I've	← I have	you've	← you have
we've	← we have	they've	← they have

⑦ –'d

I'd	← I would, I should, I had
you'd	← you would, you had
he'd	← he would, he had
we'd	← we would, we should, we had